Impressum
Verlag: BABADADA GmbH, Nedderfeld 112 , 22529 Hamburg
Geschäftsführer / Verlagsleitung: Harald Hof
Druck: Books on Demand GmbH, In de Tarpen 42, 22848 Norderstedt

Imprint
Publisher: BABADADA GmbH, Nedderfeld 112 , 22529 Hamburg, Germany
Managing Director / Publishing direction: Harald Hof
Print: Books on Demand GmbH, In de Tarpen 42, 22848 Norderstedt

koulu

baba

luokkahuone
ba

jakaa
dadadada

186/2

taulu
babadada

koulunpiha
bababa

opettaja
dada

paperi
dadadada

kirjoittaa
dadaba

kynä
dadaba

kirjoituspöytä
ba

viivoitin
baba

kirja
dadaba

oppilas
bababa

reppu

dadaba

penaali

dada

lyijykynä

bababa

kynänteroitin

dadaba

pyyhekumi

baba

piirustuslehtiö

ba

piirustus

bababa

pensseli

ba

vesivärit

dada

sakset

babadada

liima

dadaba

harjoituskirja

dadadada

kotitehtävä

babadada

luku

bababa

2+2

lisätä

dadaba

vähentää

bababa

kertoa

badada

laskea

dadababa

kirjain

babababa

ABCDEFG
HIJKLMN
OPQRSTU
VWXYZ

aakkoset

babababa

sana

dada

teksti

babadada

lukea

dadadada

liitu

dada

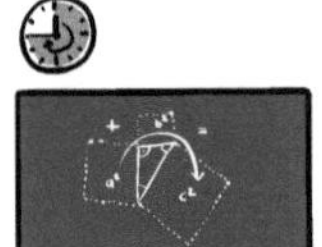

oppitunti

babababa

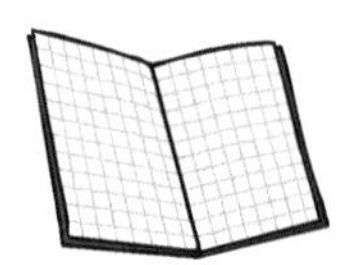

opettajan muistikirja

ba

koe

baba

todistus

babababa

koulupuku

babadada

koulutus

babababa

sanakirja

dadababa

yliopisto

babababa

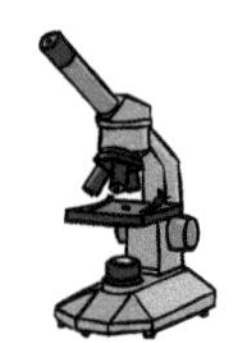

mikroskooppi

dadababa

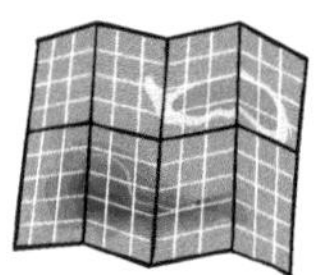

kartta

bababa

roskakori

babadada

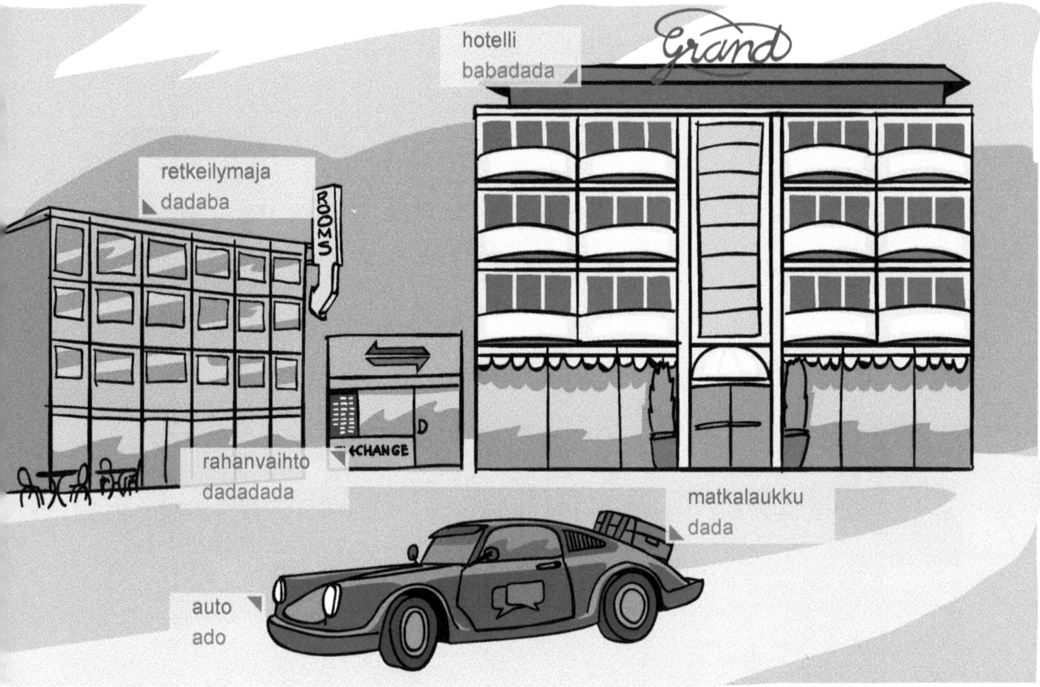

hotelli
babadada
Grand
retkeilymaja
dadaba
ROOMS
EXCHANGE
rahanvaihto
dadadada
matkalaukku
dada
auto
ado

kieli

dadadada

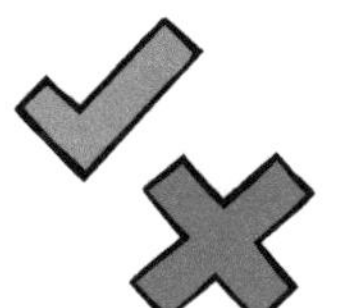

kyllä / ei

da / meh

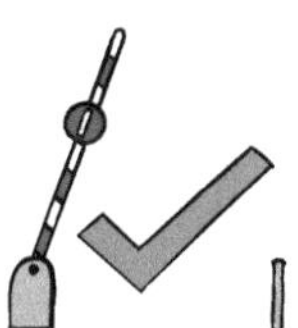

selvä

Oh

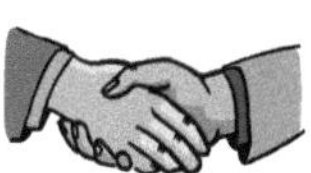

hei

ba

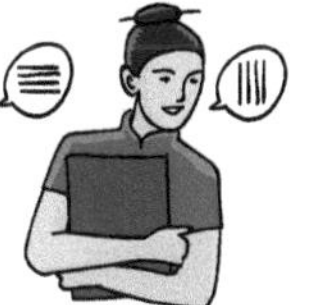

tulkki

dada

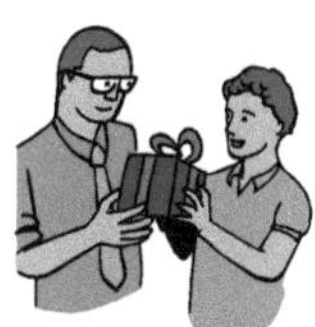

kiitos

dada

Paljonko...maksaa?

babababa

en ymmärrä

ah

ongelma

dadaba

Hyvää iltaa!

ba dada

Hyvää huomenta!

babadada

Hyvää yötä!

heia!

näkemiin

dadaba

suunta

badada

matkatavarat

dada

laukku

babababa

reppu

babababa

vieras

baba

huone

dadadada

makuupussi

dadadada

teltta

dada

turisti-info

dadadada

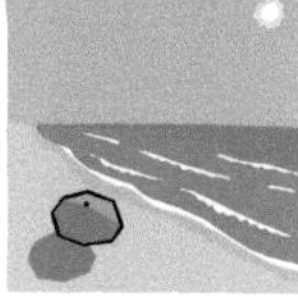

ranta

badada

luottokortti

babadada

aamupala

dadababa

lounas

baba

päivällinen

bababa

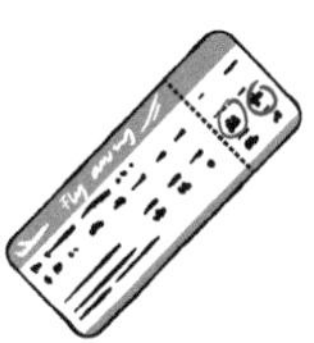

matkalippu

dada

hissi

dada

postimerkki

babadada

raja

badada

tulli

dadaba

suurlähetystö

babadada

viisumi

dadaba

passi

dada da da da

kuljetus
dadadada

laiva
dada

lentokone
baba

paloauto
baba

kuorma-auto
bababa

linja-auto
babababa

moottorivene
dada

auto
ado

polkupyörä
dadadada

lautta
babadada

vene
baba

moottoripyörä
bababa

poliisiauto
ado

kilpa-auto
ado

vuokra-auto
auto

car sharing

dada

hinausauto

ado

roska-auto

ado

moottori

brumbrum!

polttoaine

bababa

huoltoasema

dada

liikennemerkki

dadaba

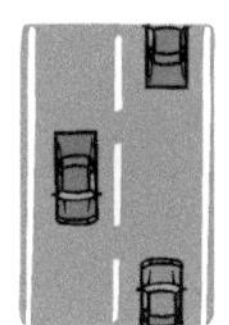

liikenne

badada

ruuhka

ado ado

parkkipaikka

babadada

rautatieasema

babababa

raiteet

dada

juna

dadaba

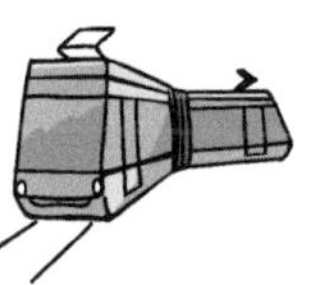

raitiovaunu

baba

vaunu

dadaba

helikopteri

baba

lentokenttä

baba

lähilennonjohto

dadaba

matkustaja

baba

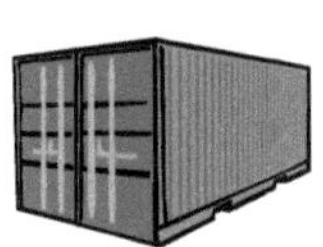

kontti

badada

pahvilaatikko

dada

kärryt

baba

kori

dadadada

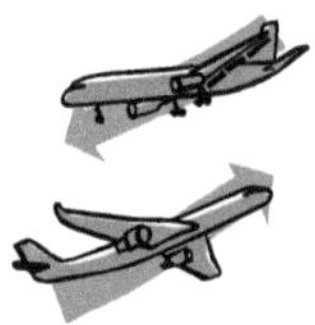

nousta / laskea

da / bada

kaupunki
dadaba

kylä

bababa

keskusta

dadababa

talo

dadaba

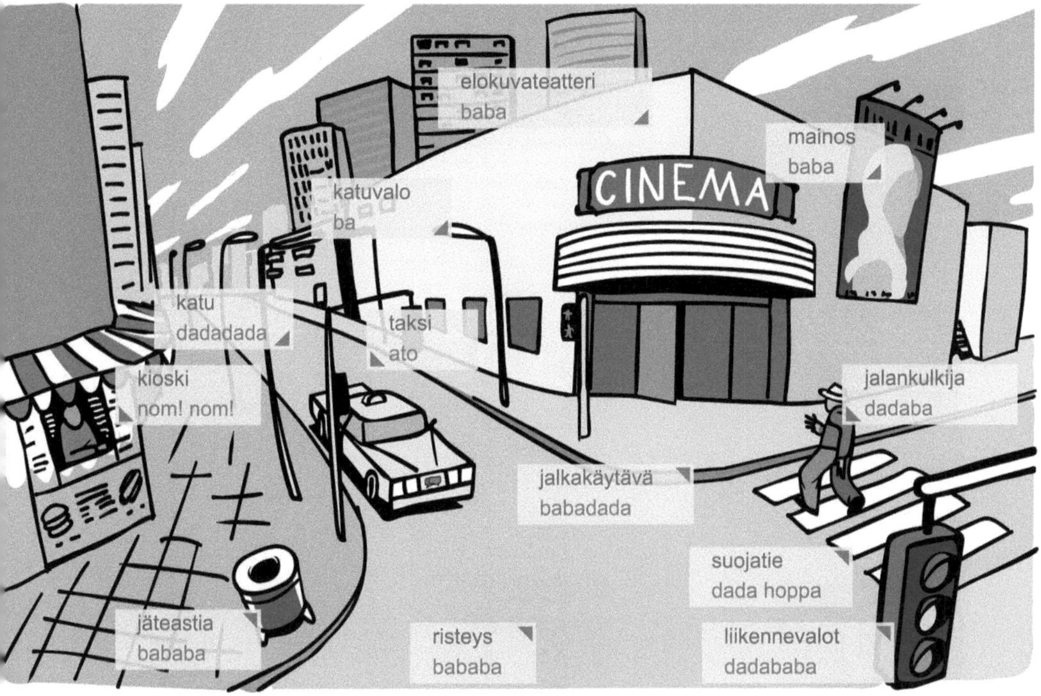
elokuvateatteri
baba
CINEMA
mainos
baba
katuvalo
ba
katu
dadadada
taksi
ato
kioski
nom! nom!
jalankulkija
dadaba
jalkakäytävä
babadada
suojatie
dada hoppa
jäteastia
bababa
risteys
bababa
liikennevalot
dadababa

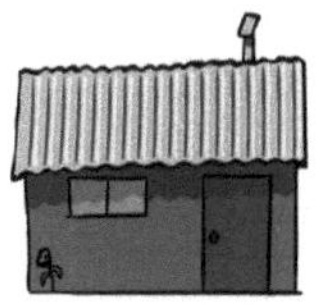

mökki

babadada

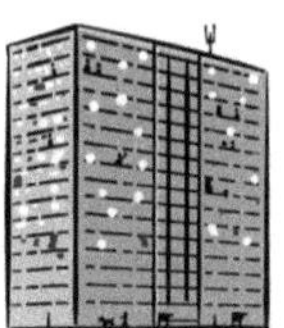

kerrostalo

dadadada

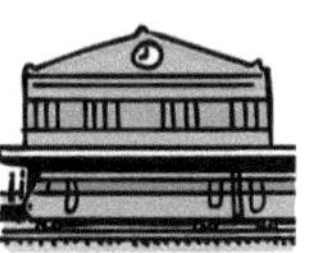

rautatieasema

babababa

kaupungintalo

dadaba

MUSEUM

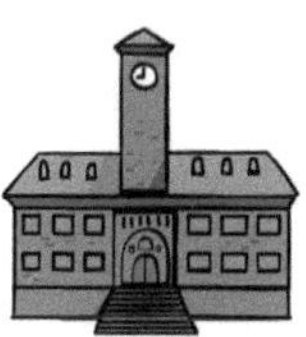

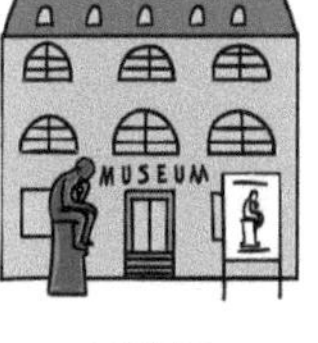

museo

bababa

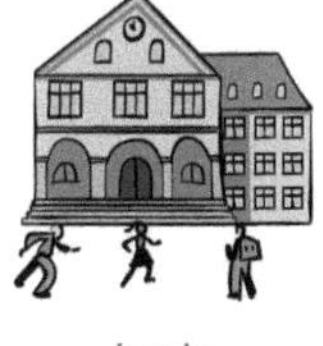

koulu

baba

yliopisto

bababababa

pankki

dadadada

sairaala

aua!

hotelli

babadada

apteekki

aua!

toimisto

baba

kirjakauppa

bababa

liike

ba

kukkakauppa

dadaba

supermarketti

dada nom nom

tori

dadadada

tavaratalo

dadadada

kalakauppias

nom! nom!

ostoskeskus

baba

satama

ba

puisto

dadadada

penkki

baba

silta

babababa

portaat

dadadada

metro

bababa

tunneli

baba

linja-autopysäkki

ba

baari

babababa

ravintola

nom nom!

postilaatikko

dadaba

katukyltti

dada

parkkimittari

baba

eläintarha

bababa

uimala

dada

moskeija

baba

maatila

dadaba

ympäristön saastuminen

dadababa

hautausmaa

bababa

kirkko

ba

leikkikenttä

dadababa

temppeli

bababa

maisema

dada

lehti
baba

tienviitta
baba

tie
dada

niitty
bababa

kivi
baba

retkeilijä
dada

puu
dadababa

joki
bababa

ruoho
dada

kukka
mama!

laakso

....

badada

vuori

....

bababa

järvi

....

dadadada

metsä

....

dadadada

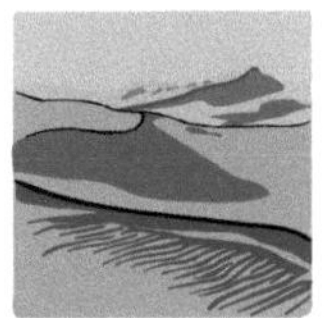

aavikko

....

dadababa

tulivuori

....

dadaba

linna

....

babababa

sateenkaari

....

dadaba

sieni

....

bababa

palmu

....

dadababa

hyttynen

....

aua!

kärpänen

....

badada

muurahainen

....

dadababa

mehiläinen

....

summ summ

hämähäkki

....

dada

kovakuoriainen

dadaba

sammakko

quak

orava

dadababa

siili

dadaba

jänis

baba

pöllö

gackgack

lintu

gackgack

joutsen

gackgack

villisika

babadada

peura

dadadada

hirvi

dadadada

pato

dadadada

tuulimylly

ba

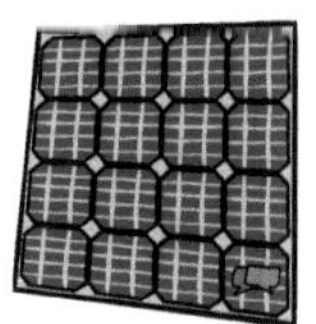

aurinkopaneeli

dadadada

ilmasto

bababa

ravintola

nom nom!

tarjoilija
dadadada

ruokalista
baba

tuoli
dadaba

keitto
nom! nom!

pitsa
nom nom!

pöytäliina
babababa

ruokailuvälineet
ba

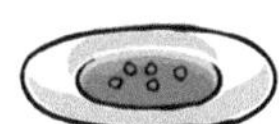

alkuruoka

nom! nom!

pääruoka

nom! nom!

jälkiruoka

nom nom!

juomat

dadababa

ruoka

nom nom!

pullo

nom nom!

pikaruoka

nom! nom!

katuruoka

nom! nom!

teekannu

babababa

sokeriastia

nom! nom!

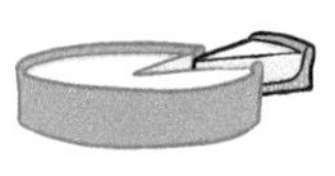

annos

nom nom!

espressokeitin

dadaba

syöttötuoli

bababa

lasku

ba

tarjotin

bababa

veitsi

ba

haarukka

babadada

lusikka

dadaba

teelusikka

bababa

servietti

dadaba

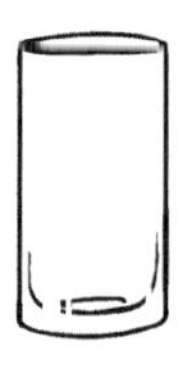

lasi

ba

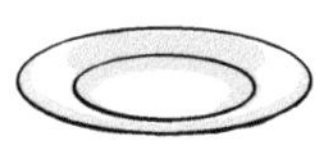

lautanen

nom nom!

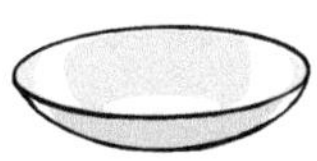

syvä lautanen

bababa

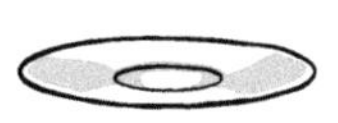

aluslautanen

bababa

kastike

nom! nom!

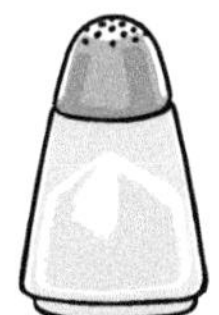

suolasirotin

dadadada

pippurimylly

dadaba

etikka

bähbäh

öljy

dadababa

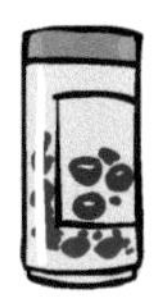

mausteet

dadababa

ketsuppi

nom! nom!

sinappi

nom! nom!

majoneesi

nom nom!

supermarketti
dada nom nom

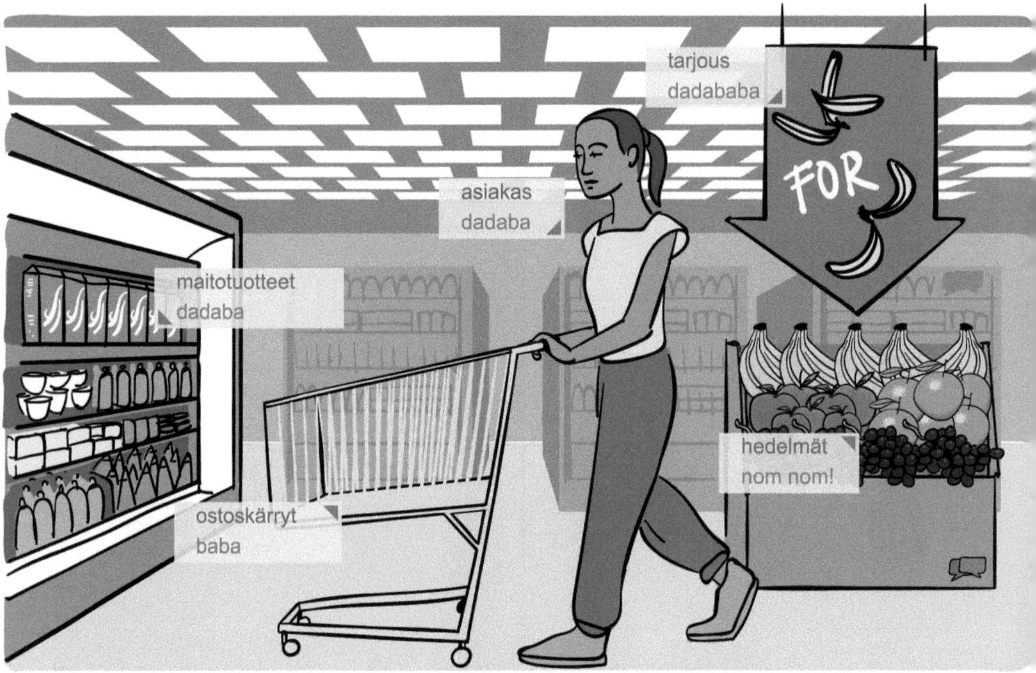

tarjous
dadababa
asiakas
dadaba
maitotuotteet
dadaba
FOR
hedelmät
nom nom!
ostoskärryt
baba

BUTCHERS

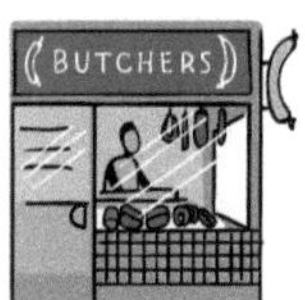

teurastamo
dadaba

BAKERY

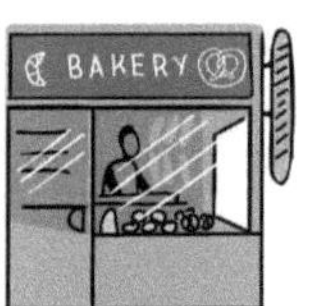

leipomo
nom! nom!

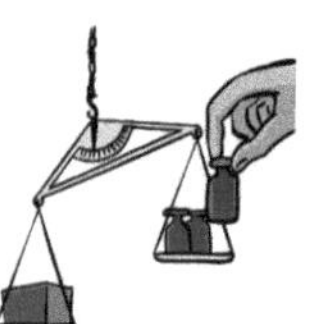

punnita
bababa

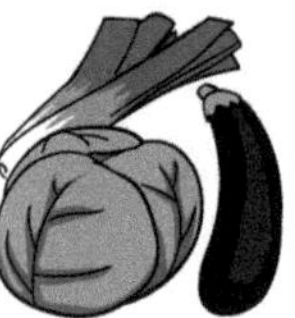

kasvikset
bähbäh

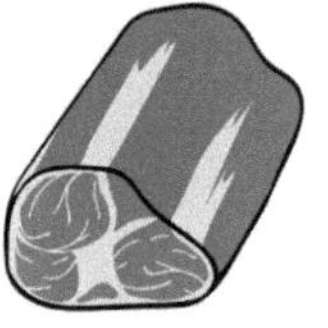

liha
nom nom!

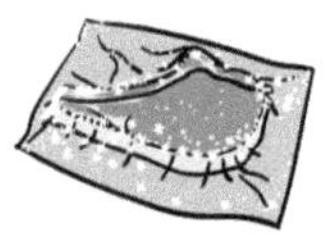

pakasteet
nomnom

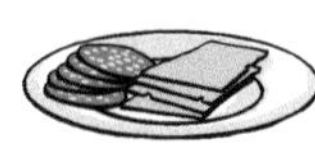

leikkele

nom nom!

säilykkeet

nomnom

pesujauhe

bababa

makeiset

baba

kotitaloustarvikkeet

dadaba

puhdistusaineet

dadababa

myyjä

bababa

kassa

bababa

kassanhoitaja

dadaba

ostoslista

dada

aukioloajat

dadababa

lompakko

baba

luottokortti

babadada

kassi

dadababa

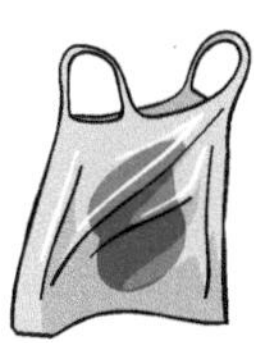

muovipussi

dadababa

juomat
dadababa

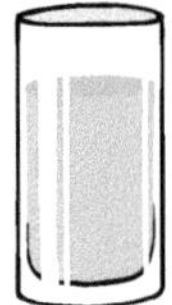

vesi

wasa

mehu

dadadada

maito

badada

kokis

ba

viini

bababa

olut

dadadada

alkoholi

dadaba

kaakao

bababa

tee

dadababa

kahvi

dada

espresso

dadaba

cappuccino

dadababa

banaani

nane

omena

nom nom!

appelsiini

bababa

meloni

nom nom!

sitruuna

nom nom!

porkkana

bähbäh

valkosipuli

bada meh

bambu

dadaba

sipuli

dadaba

sieni

nom nom!

pähkinät

nom nom!

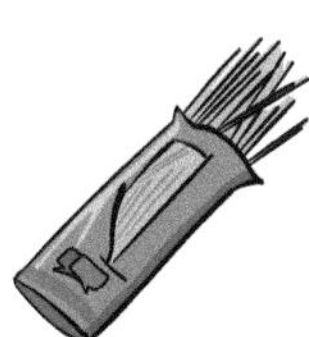

spagetti

nom nom!

spagetti

nom nom!

riisi

nom nom!

salaatti

nom nom!

ranskalaiset

nom nom!

paistetut perunat

nom nom!

pitsa

nom nom!

hampurilainen

nom nom!

voileipä

nom nom!

leike

nom nom!

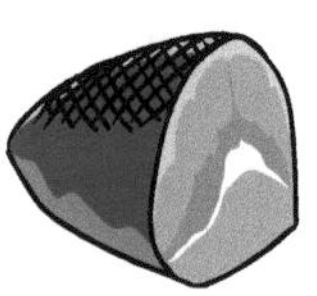

kinkku

nom nom!

salami

nom nom!

makkara

nom nom!

kana

gack gack

paisti

nom nom!

kala

nom nom!

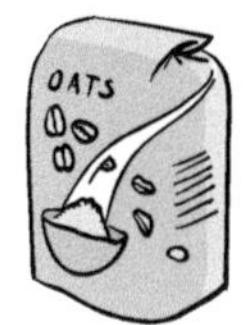

kaurahiutaleet

nom nom!

mysli

bähbäh

murot

nom nom!

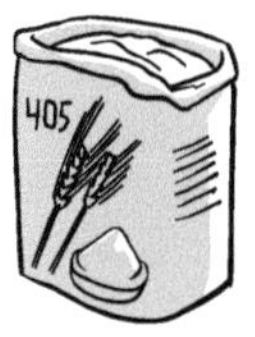

jauho

nom nom!

voisarvi

nom nom!

sämpylä

babadada

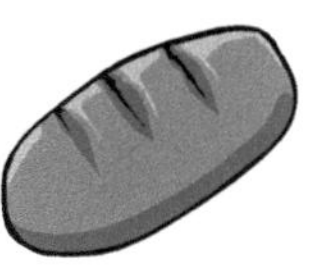

leipä

nom! nom!

paahtoleipä

nom nom!

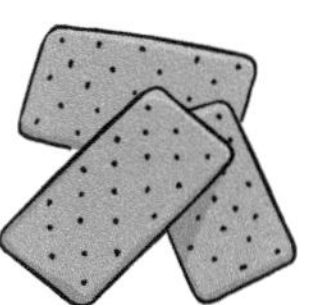

keksit

nom nom!

voi

nom nom!

rahka

nom nom!

kakku

nom nom

kananmuna

dadaba

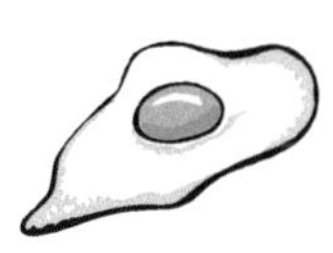

paistettu kananmuna

nom nom!

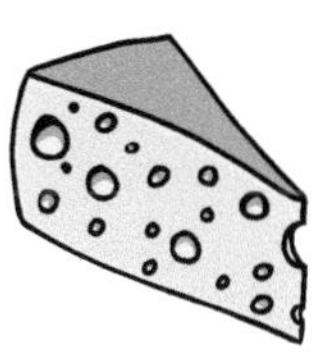

juusto

bada muh

jäätelö

nom nom!

sokeri

nom nom!

hunaja

baba summ

hillo

nom nom!

suklaapähkinälevite

nom nom!

curry

babadada

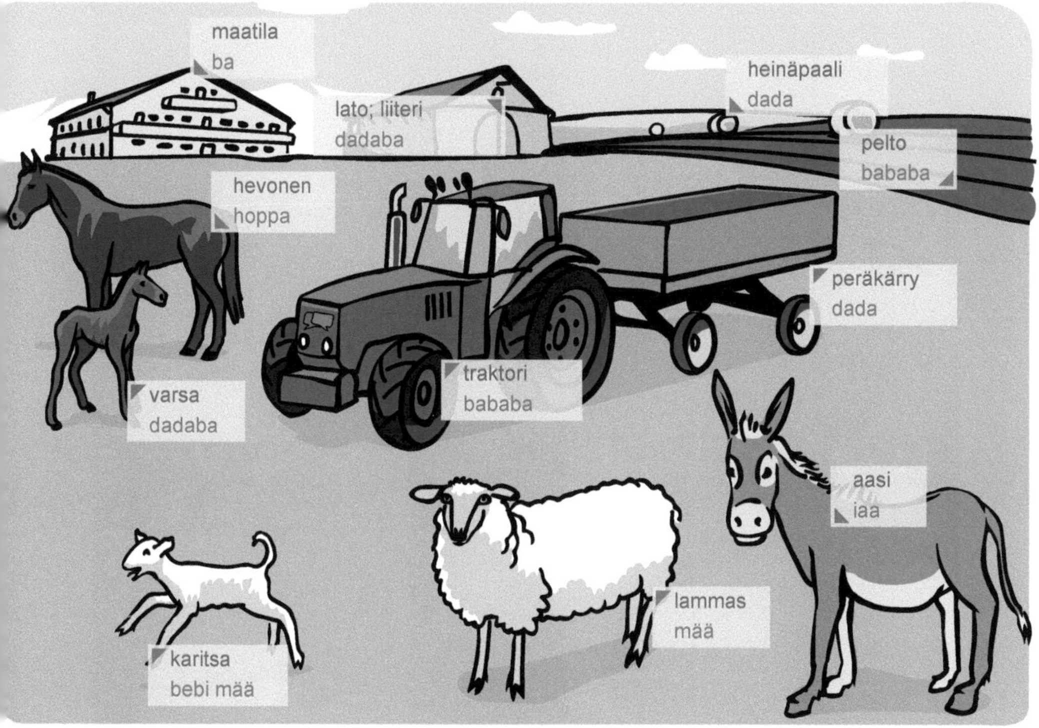

maatila
ba

lato; liiteri
dadaba

heinäpaali
dada

pelto
bababa

hevonen
hoppa

peräkärry
dada

traktori
bababa

varsa
dadaba

aasi
iaa

lammas
mää

karitsa
bebi mää

vuohi

baba

lehmä

muh

vasikka

mimuh

sika

mama oink

porsas

oink

sonni

dadadada

hanhi

gackgack

ankka

gackquack

tipu

gacki

kana

gackgack

kukko

gacko

rotta

dada

kissa

mau

hiiri

bababa

härkä

muh

koira

wauwau

koirankoppi

wauwau

puutarhaletku

baba

kastelukannu

dadababa

viikate

baba

aura

dadababa

sirppi

baba

kuokka

dadadada

talikko

dada

kirves

bababa

kottikärryt

babababa

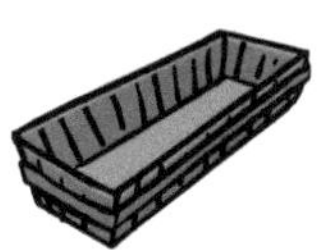

kaukalo

baba

maitokannu

dada muh

säkki

dadababa

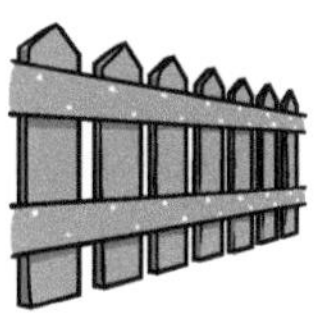

aita

badada

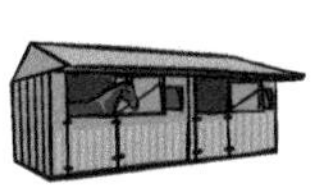

talli

dadadada

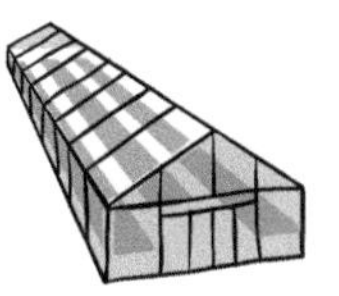

kasvihuone

ba

maa

babadada

siemen

baba

lannoite

baba

leikkuupuimuri

dadababa

kerätä sato

bababa

sato

dadadada

jamssit

dadaba

vehnä

dadababa

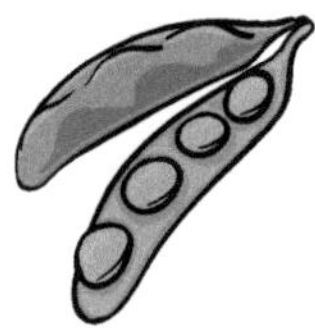

soija

dadababa

peruna

bababa

maissi

badada

rypsi

bababa

hedelmäpuu

bababa

maniokki

dadadada

vilja

dadababa

talo
dadaba

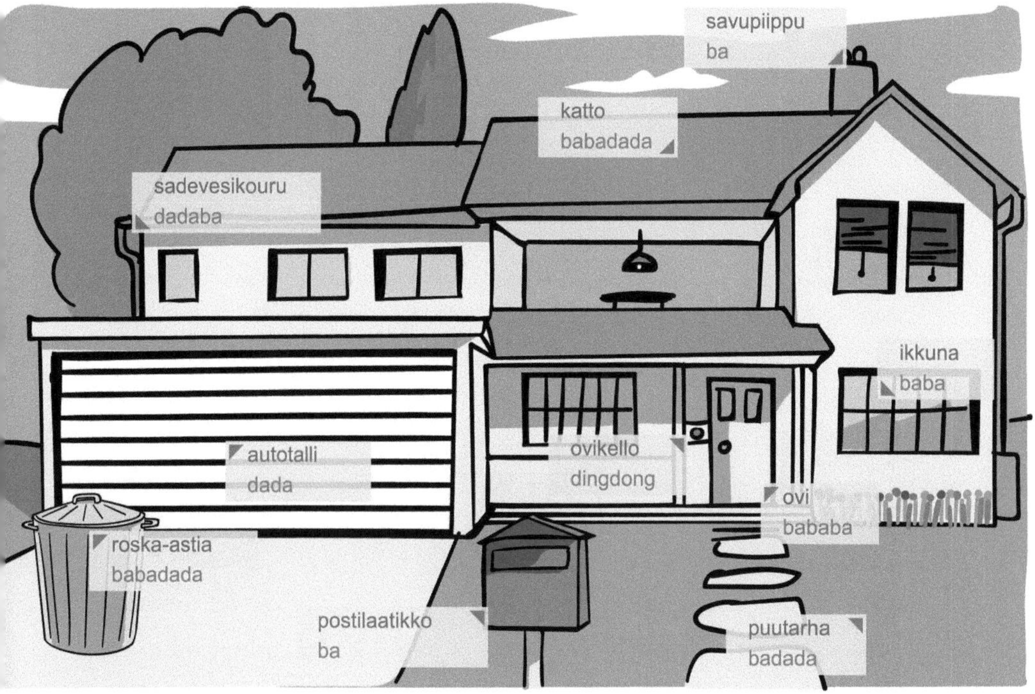

savupiippu
ba

katto
babadada

sadevesikouru
dadaba

ikkuna
baba

autotalli
dada

ovikello
dingdong

ovi
bababa

roska-astia
babadada

postilaatikko
ba

puutarha
badada

olohuone

dadadada

kylpyhuone

bababa

keittiö

bababa

makuuhuone

dadababa

lastenhuone

meina

ruokahuone

dadaba

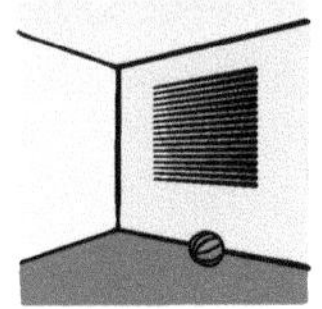

lattia

badada

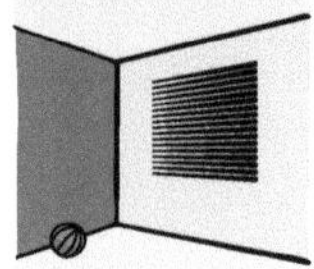

seinä

dadababa

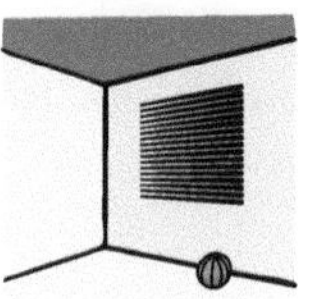

katto

bababa

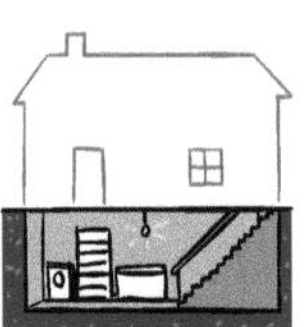

kellari

dada

sauna

dadababa

parveke

babababa

terassi

dadadada

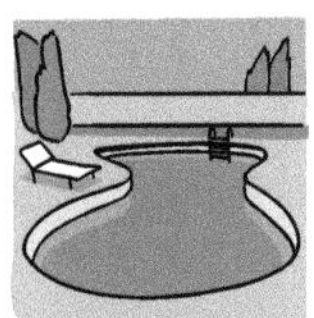

uima-allas

bababa

ruohonleikkuri

baba

lakana

dadaba

päiväpeitto

babadada

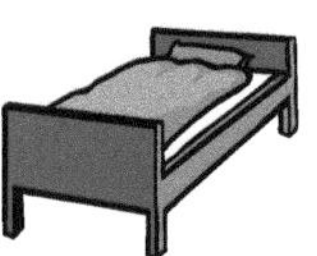

sänky

heia!

harja

dada

ämpäri

dadaba

katkaisin

dadababa

olohuone
dadadada

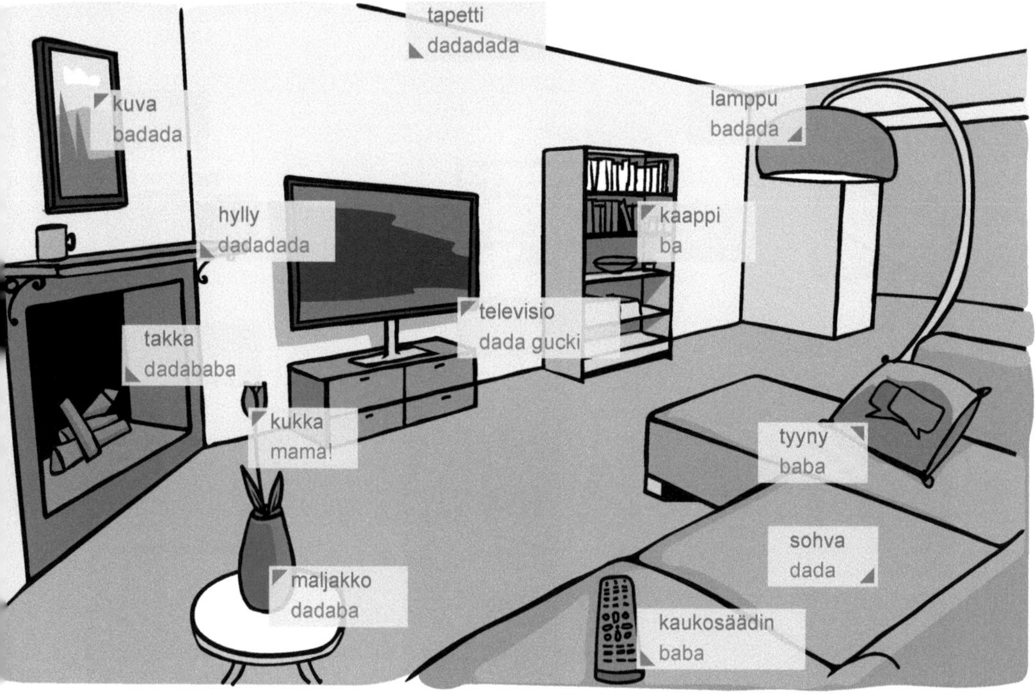

tapetti
dadadada

kuva
badada

lamppu
badada

hylly
dadadada

kaappi
ba

televisio
dada gucki

takka
dadababa

kukka
mama!

tyyny
baba

sohva
dada

maljakko
dadaba

kaukosäädin
baba

matto

dada

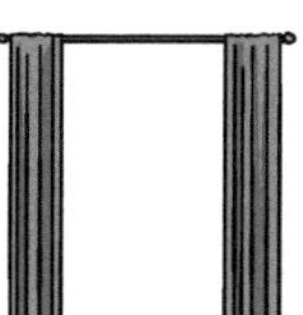

verho

bababa

pöytä

ba

tuoli

dadaba

keinutuoli

dadadada

nojatuoli

bababa

kirja

dadaba

peitto

dadadada

koriste

dadaba

polttopuut

ba

elokuva

dadadada

stereot

lala

avain

babadada

sanomalehti

dadadada

maalaus

dadadada

juliste

bababa

radio

lala

muistivihko

dadababa

pölynimuri

babadada

kaktus

aua!

kynttilä

babadada

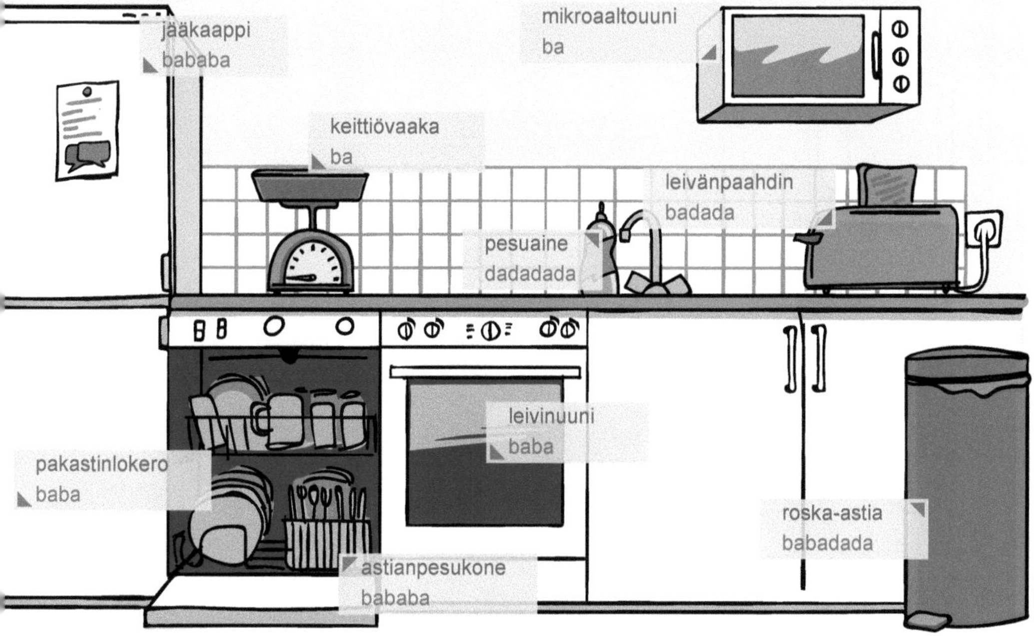

liesi

dada

kattila

dada

rautapata

dada

vokkipannu / kadai-pannu

baba / dada

paistinpannu

badada

teepannu

ba

höyrykeitin

dadababa

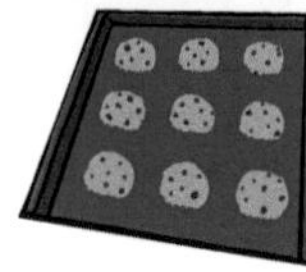

uunipelti

bababa

astiat

dadaba

muki

dadadada

kulho

dadaba

syömäpuikot

baba

kauha

dadaba

paistinlasta

dadadada

vispilä

badada

siivilä

dada

siivilä

bababa

raastin

baba

mortteli

dadababa

grilli

dada

avotuli

aua!

leikkuulauta

dadababa

kaulin

babababa

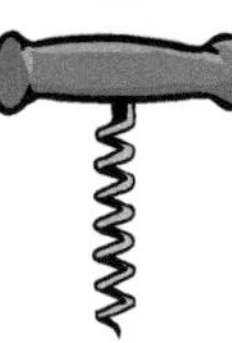

korkinavaaja

dadababa

purkki

dadadada

purkinavaaja

bababa

pannulappu

dadababa

lavuaari

dadadada

tiskiharja

dadababa

pesusieni

ba

tehosekoitin

aua!

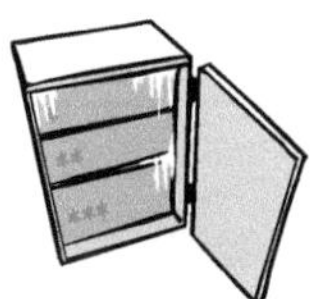

pakastin

babadada

tuttipullo

bababa

vesihana

dadadada

kylpyhuone
bababa

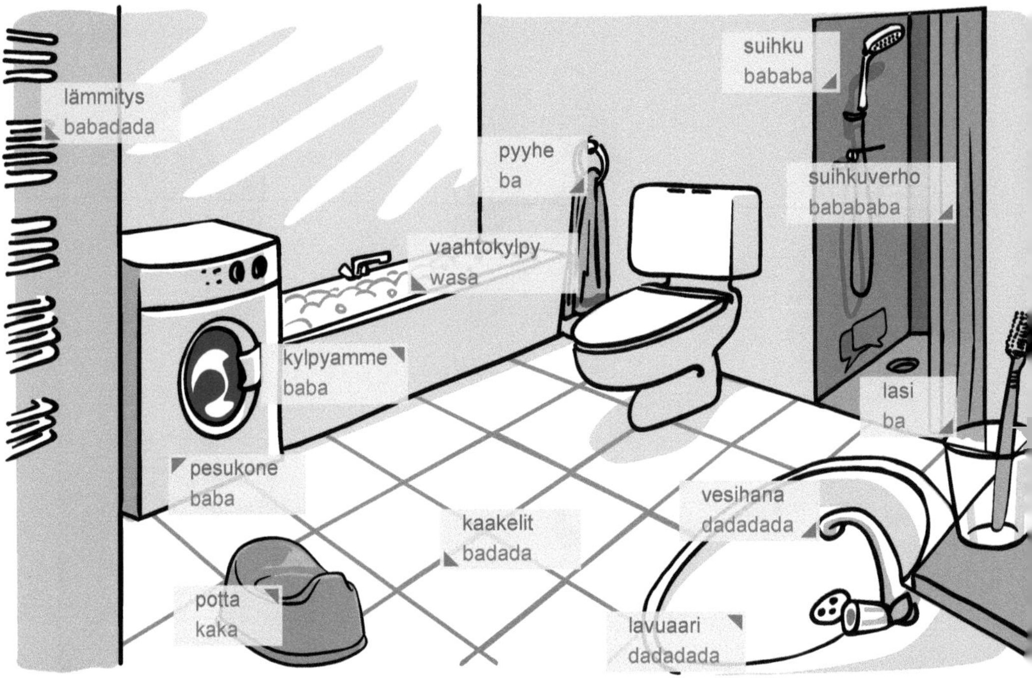

lämmitys
babadada
suihku
bababa
pyyhe
ba
suihkuverho
babababa
vaahtokylpy
wasa
kylpyamme
baba
lasi
ba
pesukone
baba
vesihana
dadadada
kaakelit
badada
potta
kaka
lavuaari
dadadada

vessa

kaka

kyykkyvessa

ba

bidee

dadababa

pisuaari

dadababa

vessapaperi

kaka

vessaharja

bababa

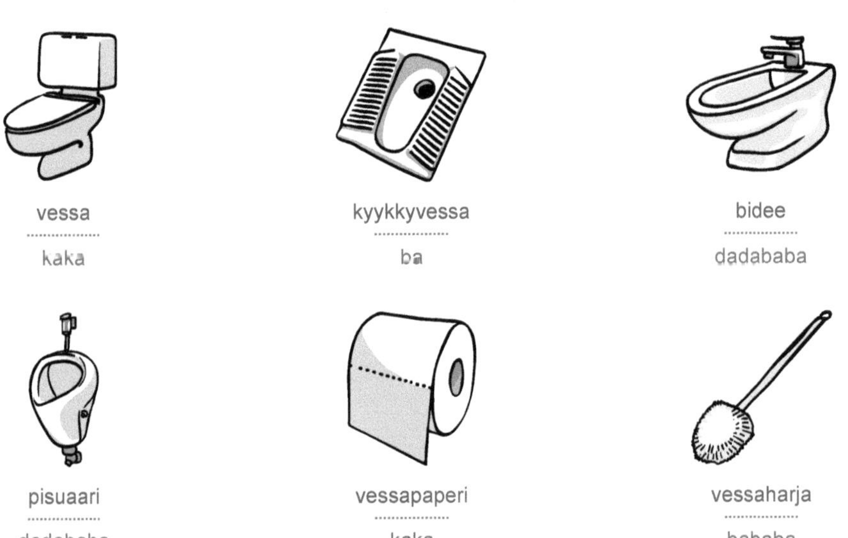

hammasharja
....
bababa

hammastahna
....
nom! nom!

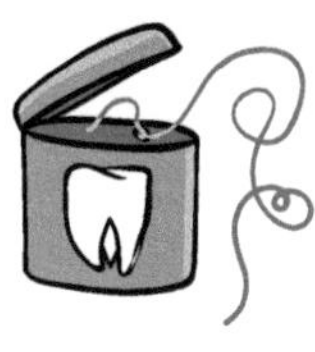

hammaslanka
....
dadadada

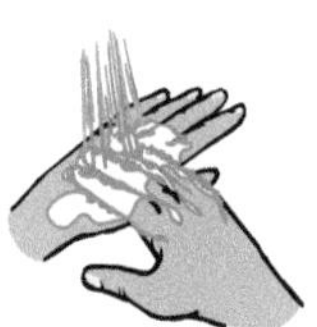

pestä
....
bababa

käsisuihku
....
babababa

intiimisuihku
....
dadadada

pesuvati
....
badada

selkäharja
....
dadadada

saippua
....
nom! nom!

suihkugeeli
....
nom! nom!

shampoo
....
nom! nom!

pesulappu
....
babadada

viemäri
....
dadaba

voide
....
nom! nom!

deodorantti
....
babababa

peili

dadadada

käsipeili

dadadada

partaveitsi

ba

partavaahto

nom! nom!

partavesi

nam! nam!

kampa

dadababa

harja

baba

hiustenkuivaaja

dadadada

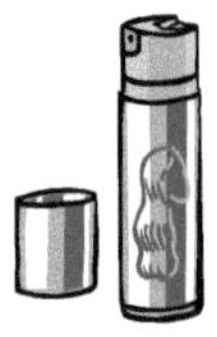

hiuslakka

badada

meikki

dadaba

huulipuna

mama!

kynsilakka

ba

pumpuli

bababa

kynsisakset

dadadada

hajuvesi

bababa

kosmetiikkalaukku

dadadada

jakkara

bababa

vaaka

dadadada

kylpytakki

ba

kumihansikkaat

babababa

tamponi

ba

terveysside

bababa

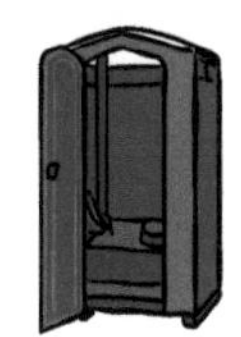

kemiallinen wc

baba

lastenhuone

meina

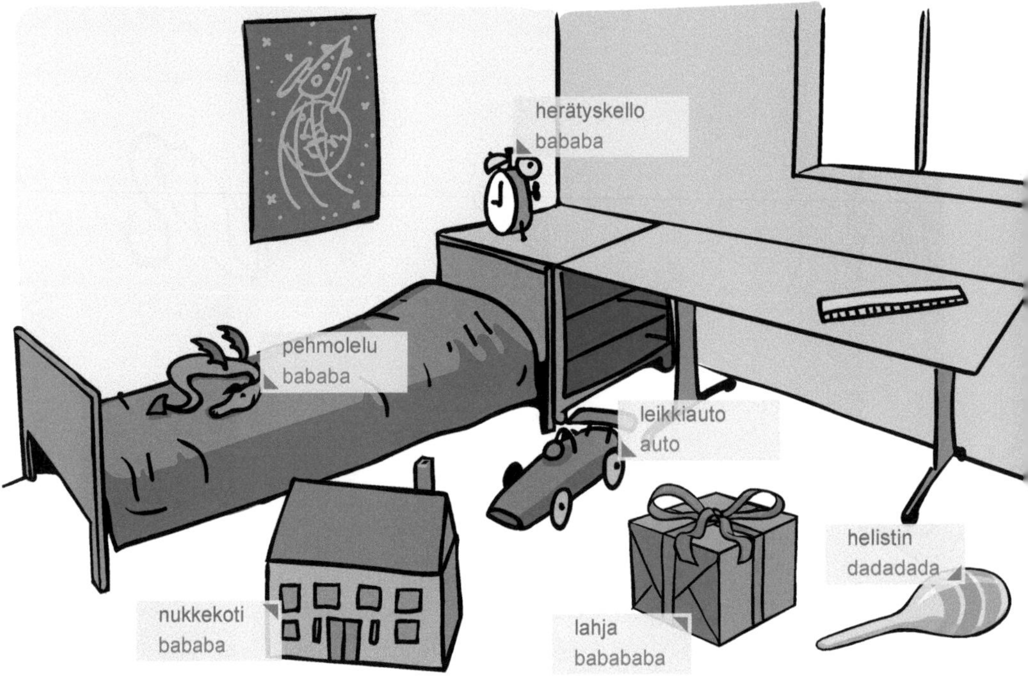

herätyskello
bababa
pehmolelu
bababa
leikkiauto
auto
helistin
dadadada
nukkekoti
bababa
lahja
babababa

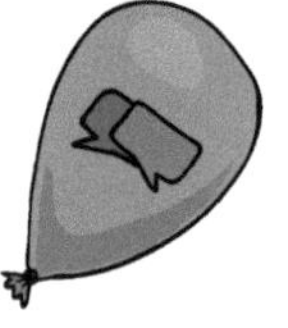

ilmapallo

dadadada

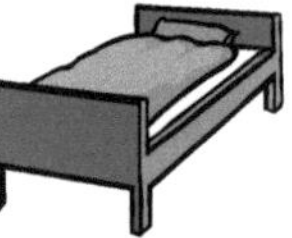

sänky

hoia!

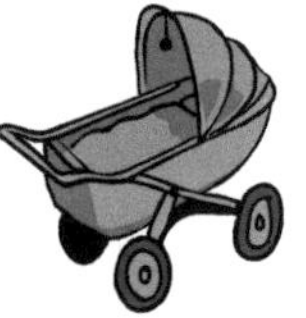

lastenvaunut

dadaba

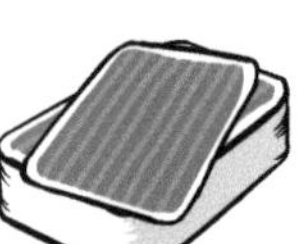

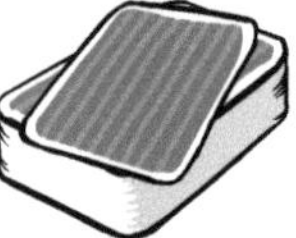

korttipeli

dadababa

palapeli

bababa

SUPER MEGA

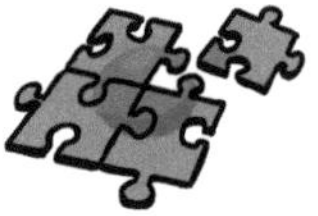

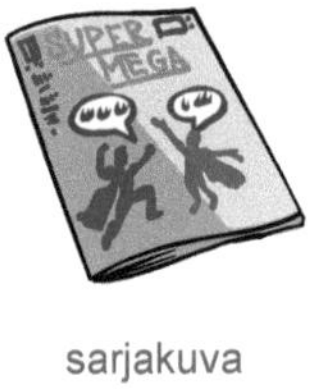

sarjakuva

dadababa

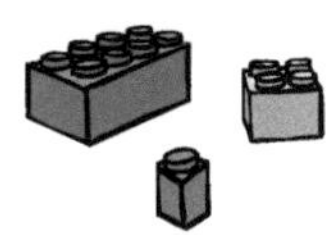

legopalikat

badada

rakennuspalikat

badada

supersankari

dada

potkupuku

dadadada

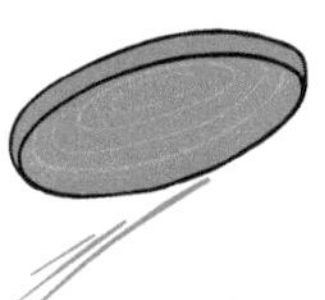

frisbee

dadaba

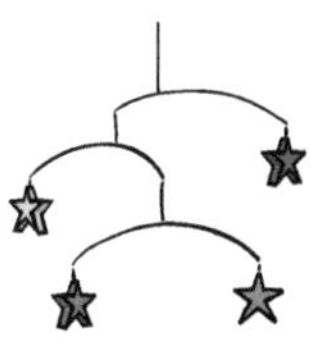

mobile

dadaba

lautapeli

ba

noppa

baba

pienoisjunarata

dadababa

tutti

lula

juhlat

baba

kuvakirja

dadaba

pallo

dada

nukke

dada

leikkiä

badada

hiekkalaatikko

dadaba

keinu

babababa

lelut

dadababa

pelikonsoli

dadaba

kolmipyörä

babadada

nalle

dadababa

vaatekaappi

dadaba

vaatteet

baba

sukat

dadadada

nylonsukat

ba

sukkahousut

dada

kaulaliina
bababa

vyö
dadababa

sateenvarjo
bababa

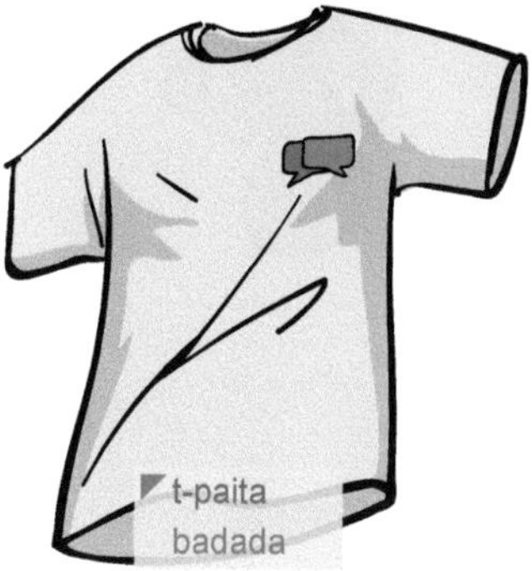

t-paita
badada

lenkkarit
ba

saappaat
baba

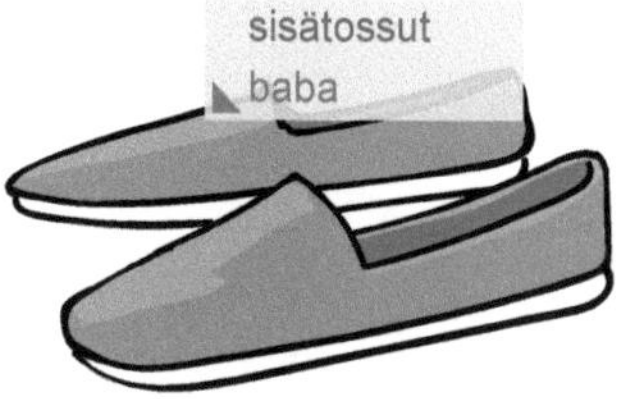

sisätossut
baba

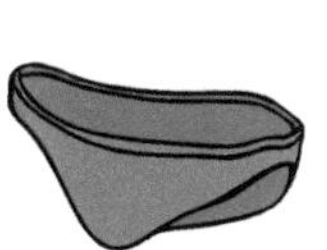

sandaalit

bababa

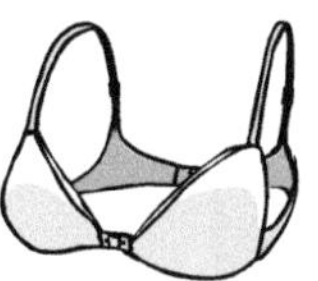

kengät

badada

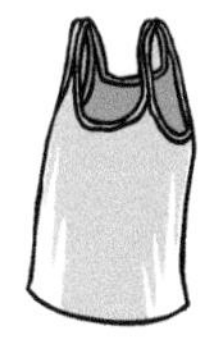

kumisaappaat

dada

alushousut

ba

rintaliivit

baba

aluspaita

dadadada

body

badada

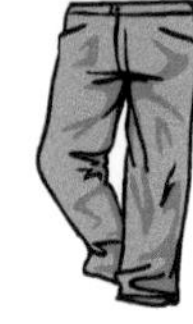

housut

ba

farkut

bababa

hame

dada

pusero

bababa

paita

dadadada

villapaita

baba

collegepaita

baba

jakku

babadada

takki

baba

takki

bababa

sadetakki

dadababa

puku

bababa

mekko

ba

hääpuku

dadaba

puku	yöpaita	pyjama
dadadada	babababa	heia

shari	päähuivi	turbaani
baba	dadadada	dada
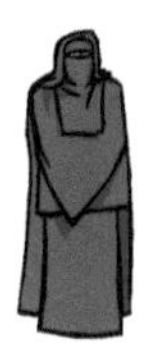		
burka	kaftaani	abaya
dada	baba	dadadada

uimapuku	uimahousut	shortsit
wasa	bababa	dadababa

verkkarit	esiliina	käsineet
babababa	baba	babababa

nappi

dadaba

silmälasit

babadada

rannekoru

dada

kaulakoru

dadababa

sormus

bababa

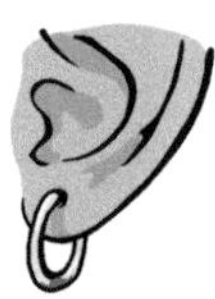

korvakoru

dadababa

lippalakki

dada

ripustin

babadada

hattu

dadababa

solmio

bababa

vetoketju

badada

kypärä

dadaba

henkselit

dada

koulupuku

babadada

univormu

babababa

ruokalappu

namnam

tutti

lula

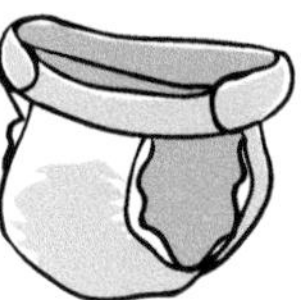

vaippa

kaka!

toimisto

baba

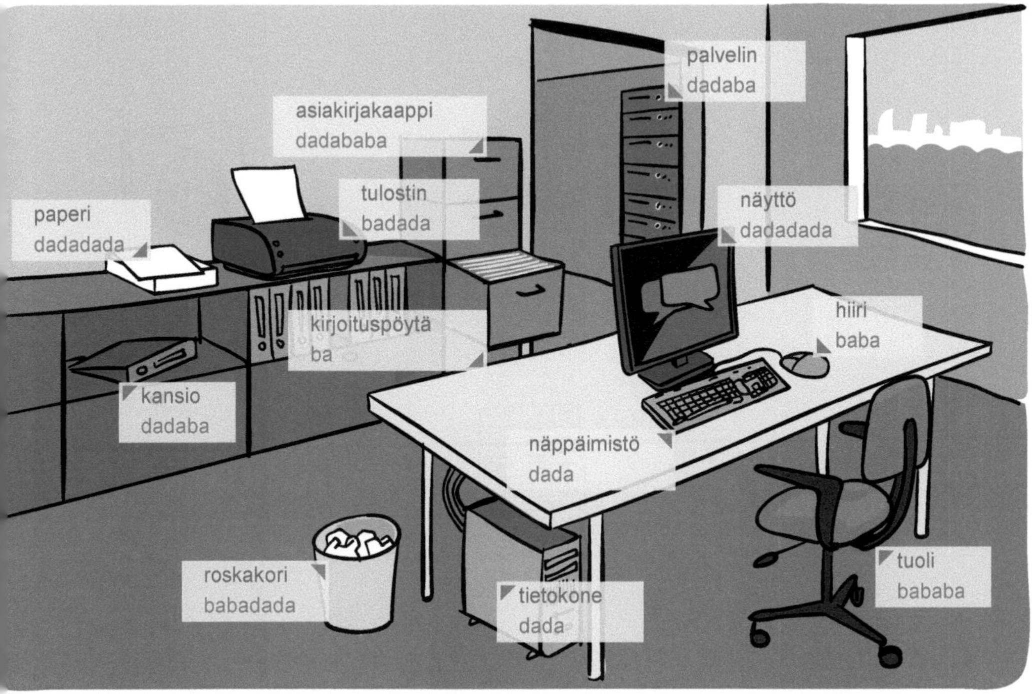

palvelin
dadaba

asiakirjakaappi
dadababa

tulostin
badada

paperi
dadadada

näyttö
dadadada

kirjoituspöytä
ba

hiiri
baba

kansio
dadaba

näppäimistö
dada

roskakori
babadada

tietokone
dada

tuoli
bababa

kahvimuki

dada

taskulaskin

bababa

internet

da da

kannettava tietokone

papa!

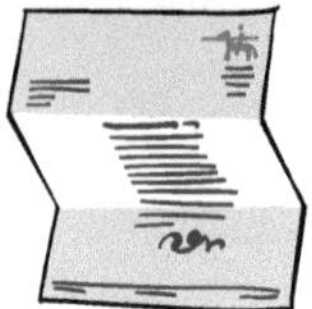

kirje

dadababa

viesti

ba

kännykkä

fon

verkko

bababa

kopiokone

ba

ohjelmisto

bababa

puhelin

dada bing

pistorasia

aua!

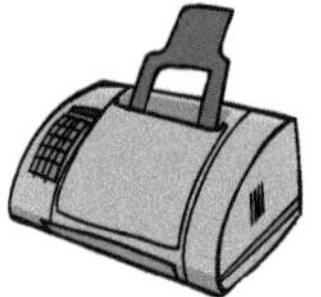

faksi

bababa

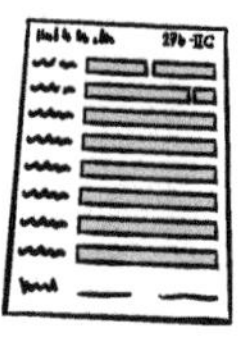

lomake

dadaba

asiakirja

bababa

talous
badada

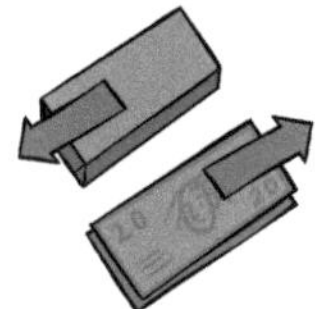

ostaa

baba

maksaa

dadadada

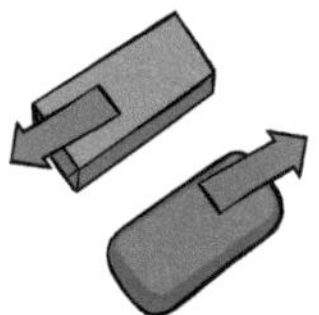

vaihtaa

dadaba

raha

badada

dollari

babadada

euro

dadaba

jeni

bababa

rupla

ba

frangi

dada

renminbi juan

dada

rupia

ba

pankkiautomaatti

ba

rahanvaihto

dadadada

kulta

dadadada

hopea

baba

öljy

dadadada

energia

ba

hinta

dadadada

sopimus

baba

vero

bababa

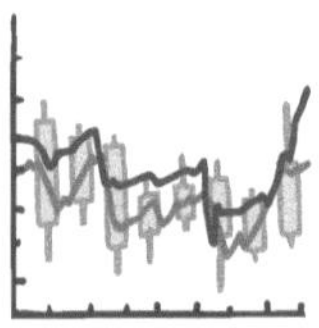

osake

dadadada

työskennellä

dadaba

työntekijä

dadadada

työnantaja

dadababa

tehdas

dadaba

liike

ba

ammatit
ba

poliisi
baba

palomies
dada

kokki
babababa

lääkäri
aua!

lentäjä
bababa

puutarhuri

bababa

puuseppä

bababa

ompelija

baba

tuomari

bababa

kemisti

dadaba

näyttelijä

dadababa

linja-autonkuljettaja

ba

taksinkuljettaja

auto mann

kalastaja

bababa

siivooja

dadadada

katontekijä

dadadada

tarjoilija

dadadada

metsästäjä

badada

maalari

dadadada

leipuri

dadababa

sähköasentaja

papa!

rakentaja

babababa

insinööri

bababa

teurastaja

dadababa

putkiasentaja

dadadada

postinjakaja

bababa

sotilas

dadadada

arkkitehti

ba

kassanhoitaja

dadaba

floristi

bababa

kampaaja

babadada

konduktööri

bababa

mekaanikko

dadaba

kapteeni

dada

hammaslääkäri

badada

tiedemies

ba

rabbi

bababa

imaami

dadaba

munkki

dada

pappi

dadadada

työkalut
dada

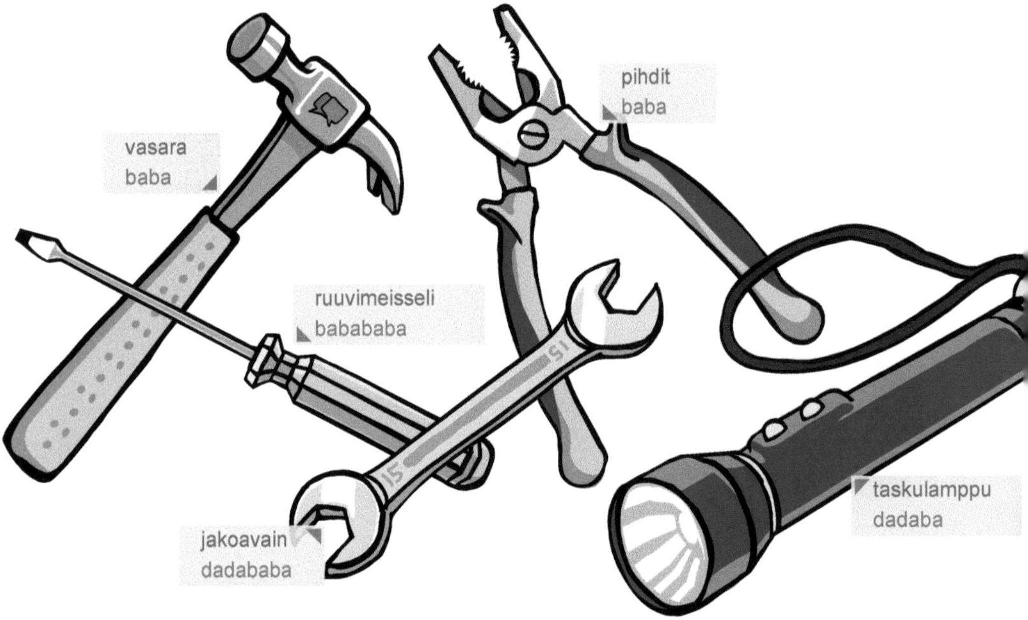

vasara
baba

pihdit
baba

ruuvimeisseli
babababa

jakoavain
dadababa

taskulamppu
dadaba

kaivinkone
dadaba

työkalupakki
baba

tikkaat
babababa

saha
dadaba

naulat
babadada

pora
dada

korjata

dadababa

lapio

dada

Hitto!

aua!

rikkalapio

dada

maalipurkki

dadaba

ruuvit

babababa

soittimet
bababa

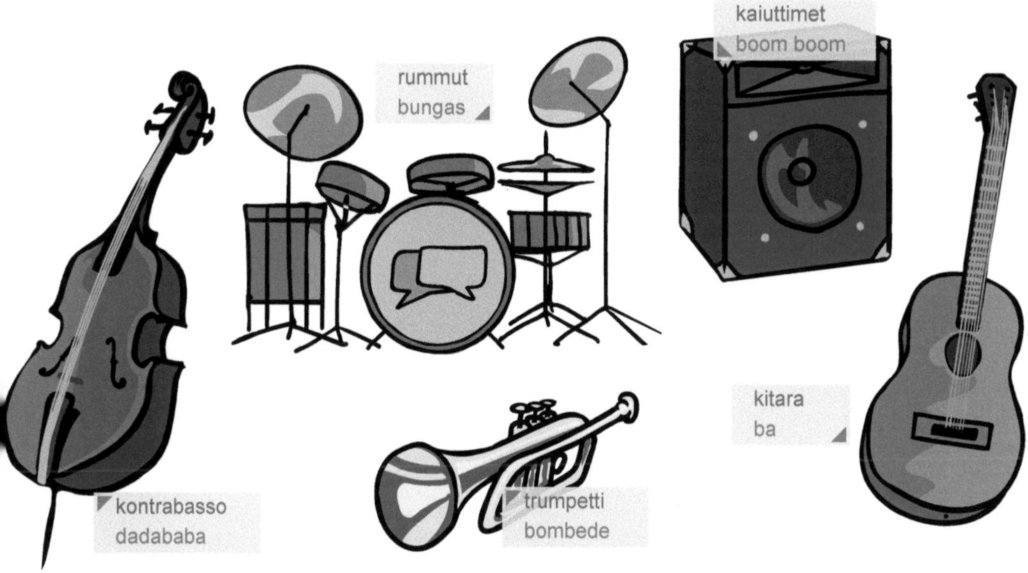

kaiuttimet
boom boom

rummut
bungas

kitara
ba

kontrabasso
dadababa

trumpetti
bombede

piano

bingbing

viulu

bababa

basso

ba

patarummut

badada

rumpu

bunga bunga

kosketinsoitin

badada

saksofoni

dadababa

huilu

dadababa

mikrofoni

dadadada

eläintarha
bababa

tiikeri
dada mau

häkki
bababa

sisäänkäynti
baba

seepra
dadababa

eläinten ruoka
babadada

panda
dada

eläimet
dadadada

norsu
bababa

kenguru
dadaba

sarvikuono
babadada

gorilla
dada

karhu
babababa

kameli

dadaba

strutsi

gackgack

leijona

babadada

apina

dadaba

flamingo

gackgack

papukaija

bababa

jääkarhu

bababa

pingviini

dada

hai

bababa

riikinkukko

dadaba

käärme

badada

krokotiili

babababa

eläintarhanhoitaja

dadadada

hylje

dada

jaguaari

bababa

poni

ei!

leopardi

dadadada

virtahepo

dada

kirahvi

bababaaba

kotka

bababa

villisika

babadada

kala

nom nom!

kilpikonna

dadadada

mursu

anje

kettu

dadadada

gaselli

bababa

urheilu

ba

amerikkalainen jalkapallo
dadababa
pyöräily
dadaba
tennis
bum bum
koripallo
ball
uinti
badada
jääkiekko
baba
nyrkkeily
aua!
jalkapallo
dadadada
sulkapallo
badada
yleisurheilu
dadababa
käsipallo
ball
hiihto
dadadada
poolo
baba

aktiviteetit
dadadada

hypätä
dada

halata
bababa

nauraa
baba

kävellä
dada

laulaa
dadababa

unelmoida
dadababa

rukoilla
dadadada

suudella
mama!

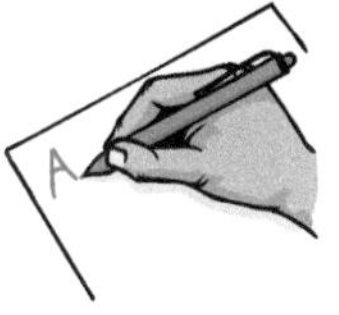

kirjoittaa

dadaba

piirtää

dada

näyttää

dadababa

painaa

dada

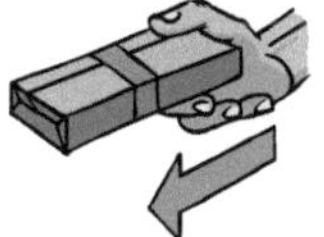

antaa

badada

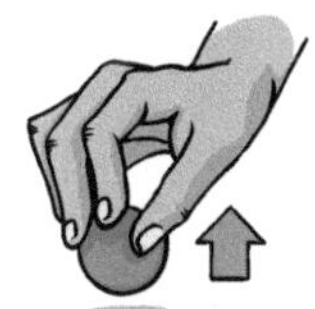

ottaa

dadaba

omistaa

dadaba

tehdä

dadadada

olla

babadada

seisoa

dadadada

juosta

baba

vetää

dadababa

heittää

dadadada

kaatua

dadaba

maata

badada

odottaa

dadaba

kantaa

bababa

istua

ba

pukeutua

dadababa

nukkua

heia!

herätä

bababa

katsoa

babababa

itkeä

baaaaaa

silittää

dadadada

kammata

bababa

puhua

bababa

ymmärtää

baba

kysyä

badada

kuunnella

dadababa

juoda

bababa

syödä

nomnom!

siivota

badada

rakastaa

ba

keittää

badada

ajaa

dadababa

lentää

dadadada

purjehtia

....

dadababa

laskea

....

dadababa

lukea

....

dadadada

oppia

....

dadababa

työskennellä

....

dadaba

mennä naimisiin

....

baba

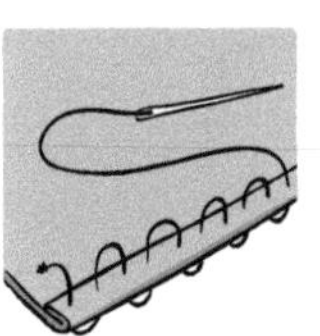

ommella

....

dada

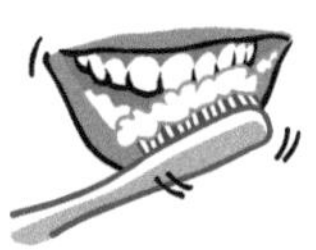

pestä hampaat

....

aua!

tappaa

....

aua!

tupakoida

....

dadababa

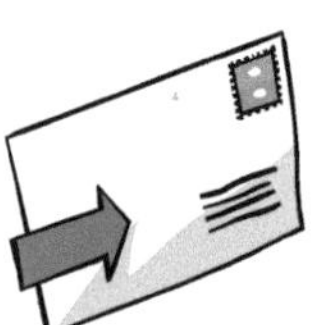

lähettää

....

babababa

perhe
dadababa

mummo
oma!

ukki
opa!

isä
papa!

äiti
mama!

vauva
bebi

tytär
ba

poika
badada

vieras
baba

täti
ba

setä
bababa

veli
nein!

sisko
nein!

vartalo
dadababa

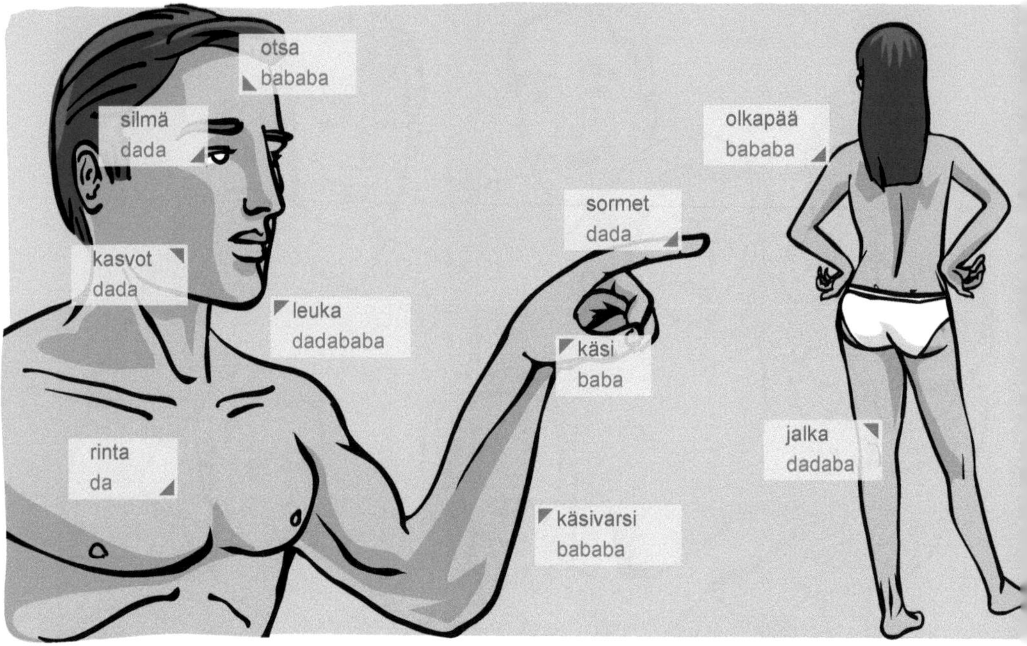

otsa
bababa

silmä
dada

olkapää
bababa

sormet
dada

kasvot
dada

leuka
dadababa

käsi
baba

jalka
dadaba

rinta
da

käsivarsi
bababa

vauva

bcbi

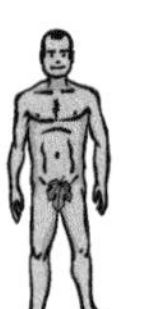

mies

papa!

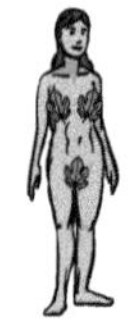

nainen

mama

tyttö

baba

poika

babadada

pää

bababa

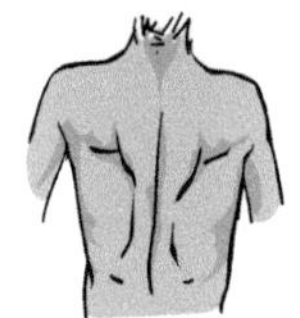

selkä

baba

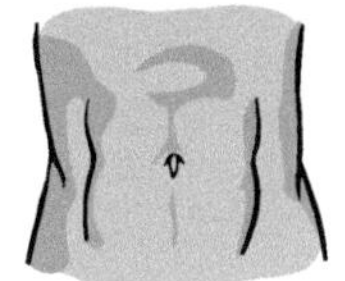

maha

dadababa

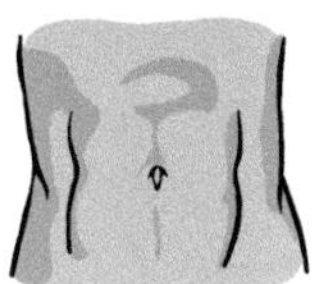

napa

dada

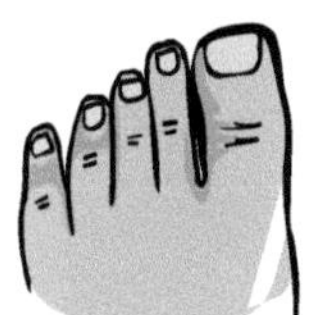

varvas

dadababa

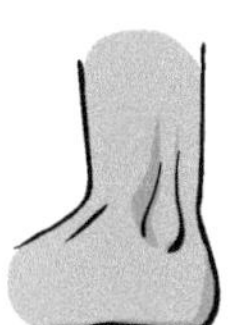

kantapää

ba

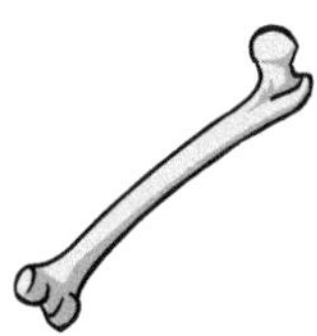

luu

badada

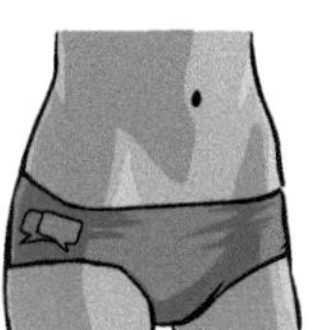

lantio

bababa

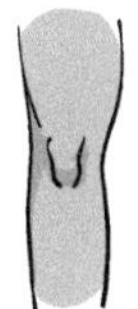

polvi

dada

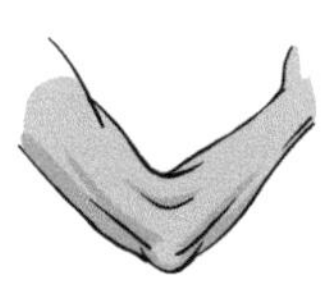

kyynärpää

dadadada

nenä

bababa

takapuoli

popo

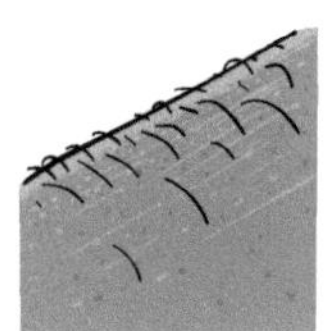

iho

dadaba

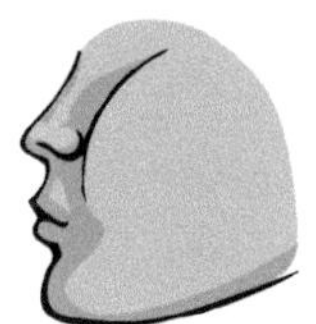

poski

badada

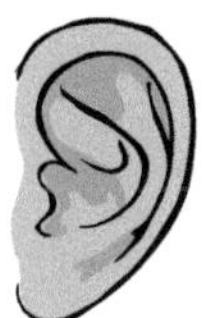

korva

dada

huuli

babababa

suu
....
dadababa

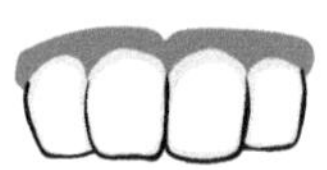

hammas
....
dadadada

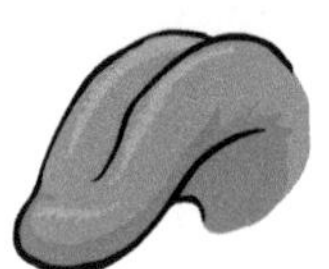

kieli
....
baba

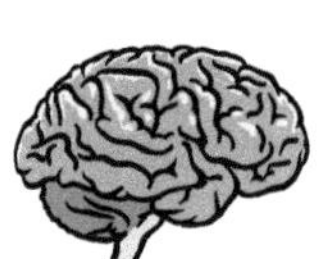

aivot
....
dadadada

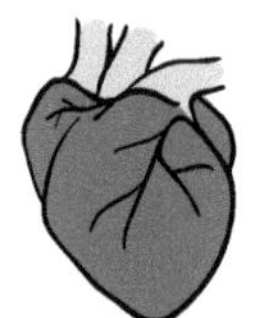

sydän
....
baba

lihas
....
dada

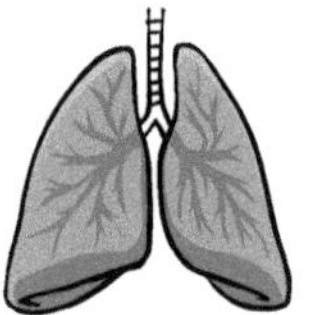

keuhkot
....
dada

maksa
....
dada

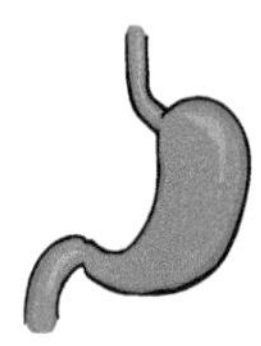

vatsa
....
dadababa

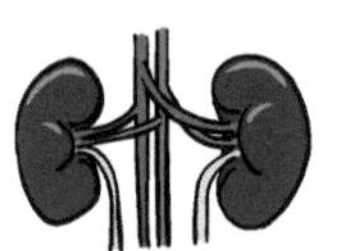

munuaiset
....
dadaba

seksi
....
babadada

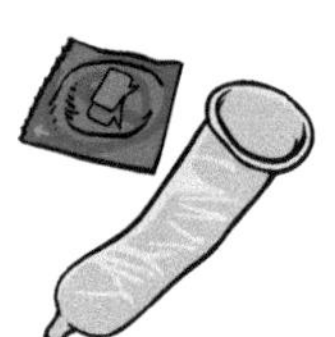

kondomi
....
dada

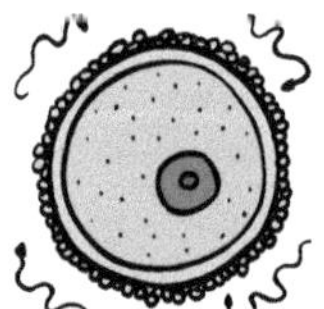

munasolu
....
badada

sperma
....
dadababa

raskaus
....
dadababa

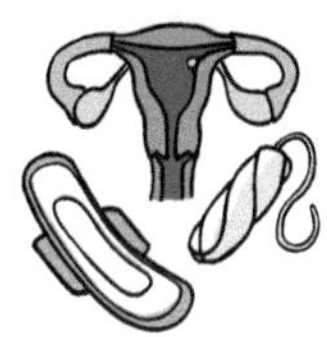

kuukautiset

ba

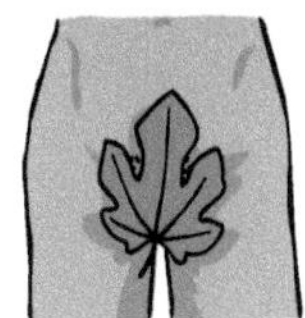

vagina

mumu

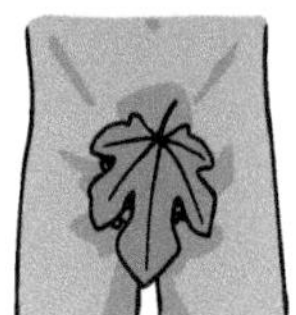

penis

pipi

kulmakarvat

dada

hiukset

dadababa

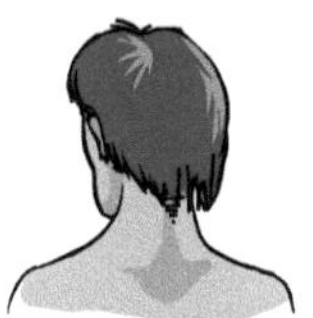

niska

bababa

sairaala
aua!

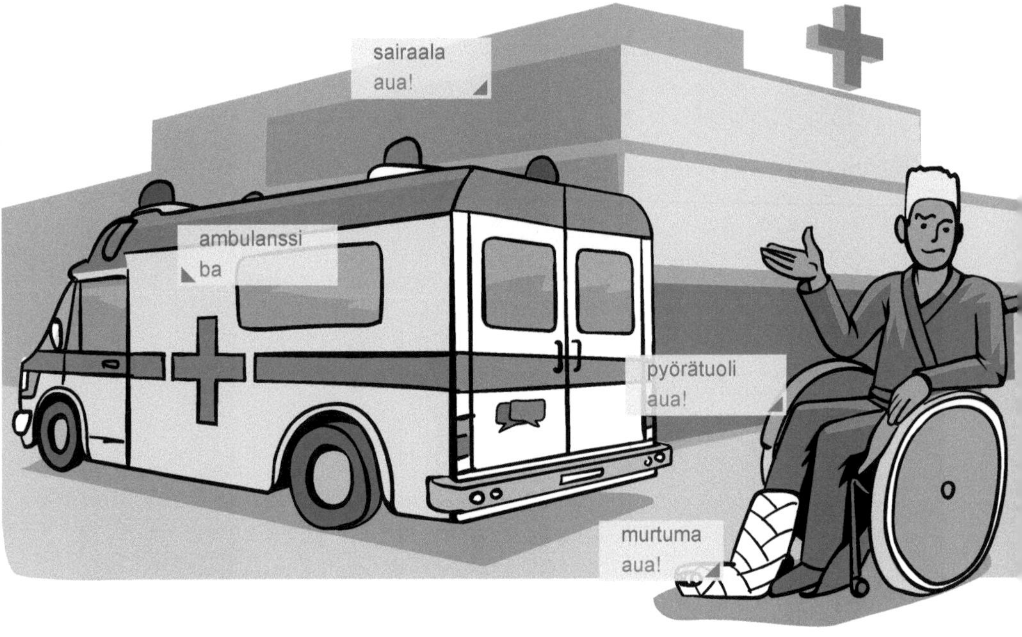

sairaala
aua!

ambulanssi
ba

pyörätuoli
aua!

murtuma
aua!

lääkäri

aua!

ensiapu

aua!

sairaanhoitaja

aua!

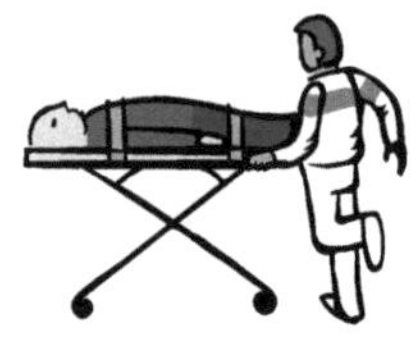

hätätilanne

aua!

tajuton

aua!

kipu

dadababa

vamma

aua!

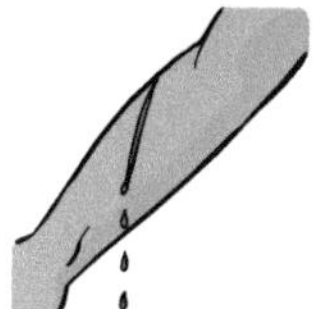

verenvuoto

dadadada

sydänkohtaus

aua!

aivoinfarkti

aua!

allergia

dadababa

yskä

aua!

kuume

aua!

flunssa

aua!

ripuli

aua!

päänsärky

aua!

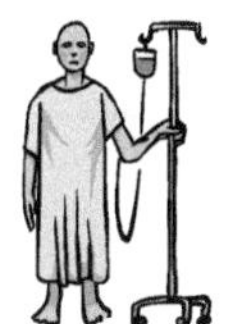

syöpä

aua!

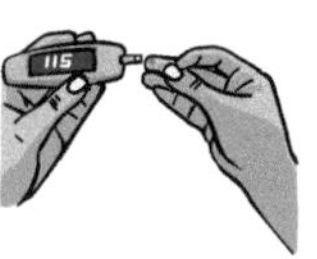

diabetes

aua!

kirurgi

aua!

veitsi

aua!

leikkaus

aua!

ct

aua!

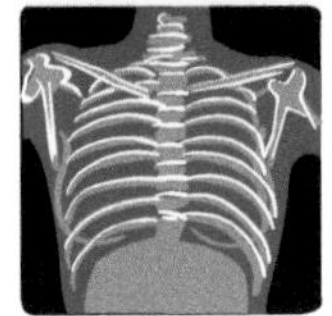

röntgen

aua!

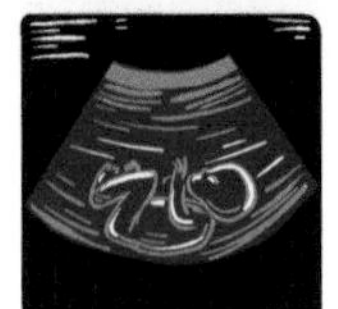

ultraääni

aua!

maski

aua!

sairaus

aua!

odotushuone

aua!

sauva

aua!

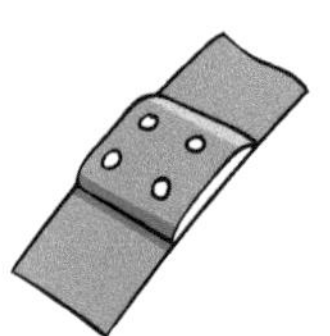

laastari

aua!

side

dadababa

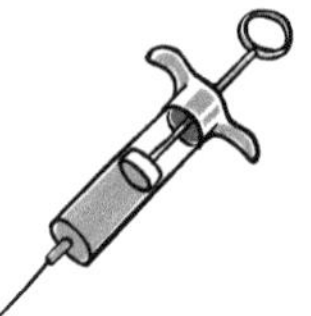

pistos

aua!

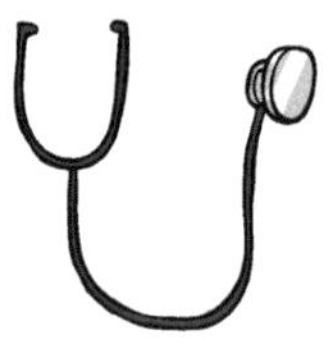

stetoskooppi

aua!

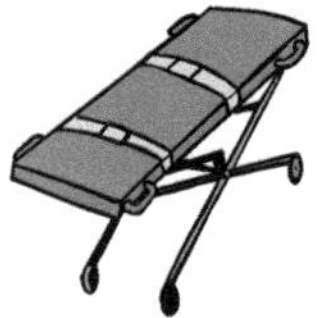

paarit

aua!

kuumemittari

aua!

syntymä

aua! bebi!

ylipaino

aua!

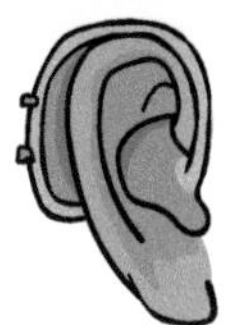

kuulolaite

aua!

desinfiointiaine

aua!

infektio

aua!

virus

aua!

HIV / AIDS

aua!

lääke

aua!

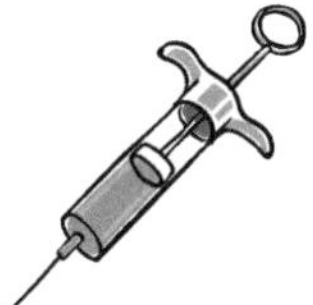

rokotus

aua!

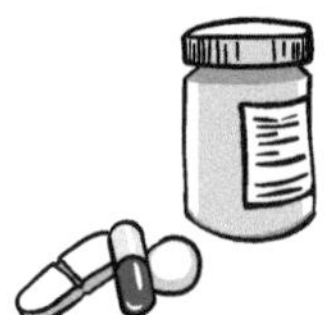

tabletit

aua!

pilleri

dadaba

hätäpuhelu

aua!

verenpainemittari

aua!

sairas / terve

da / ba

hätätilanne

aua!

Apua!

aua!

hälytys

aua!

ryöstö

aua!

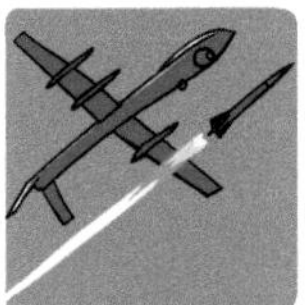

hyökkäys

aua!

vaara

aua!

hätäuloskäynti

dadadada

Tulipalo!

dadaba

palosammutin

dadaba

onnettomuus

aua! aua!

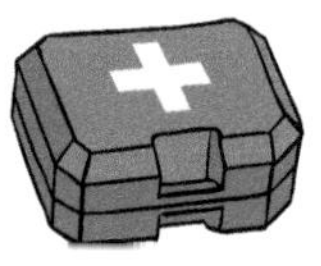

ensiapulaukku

aua!

SOS

baba

poliisilaitos

dadadada

maa
dada

Eurooppa

badada

Pohjois-Amerikka

dadaba

Etelä-Amerikka

dadababa

Afrikka

dadaba

Aasia

dadaba

Australia

babababa

Atlantin valtameri

badada

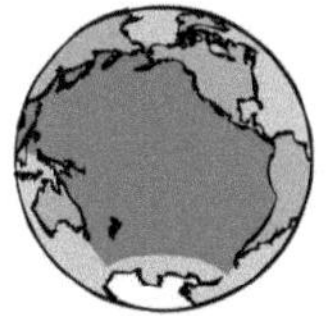

Tyynimeri

dadaba

Intian valtameri

baba

Eteläinen jäämeri

bababa

Pohjoinen jäämeri

dadababa

pohjoisnapa

bababa

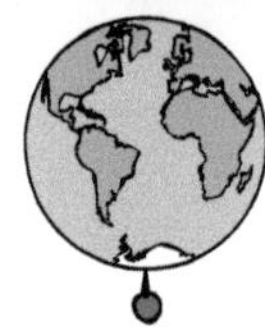

etelänapa

dadababa

Antarktis

dadaba

maa

dada

maa

dadaba

meri

badada

saari

dadadada

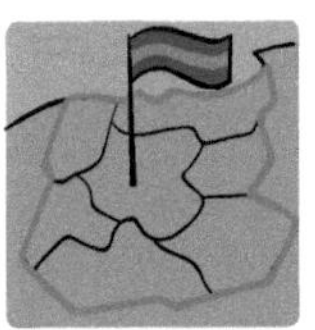

kansa

dadadada

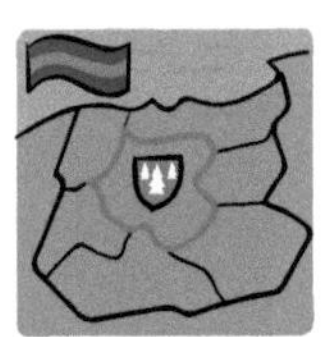

osavaltio

dadababa

kellotaulu

baba

tuntiviisari

babadada

minuuttiviisari

baba

sekuntiviisari

bababa

Paljonko kello on?

dadababa

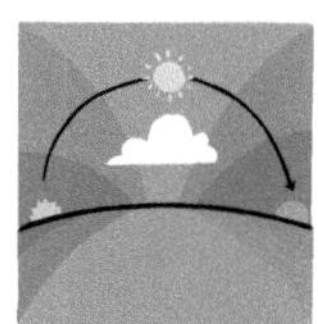

päivä

babadada

aika

dada

nyt

baba

digitaalikello

dadababa

minuutti

dadababa

tunti

bababa

viikko
babadada

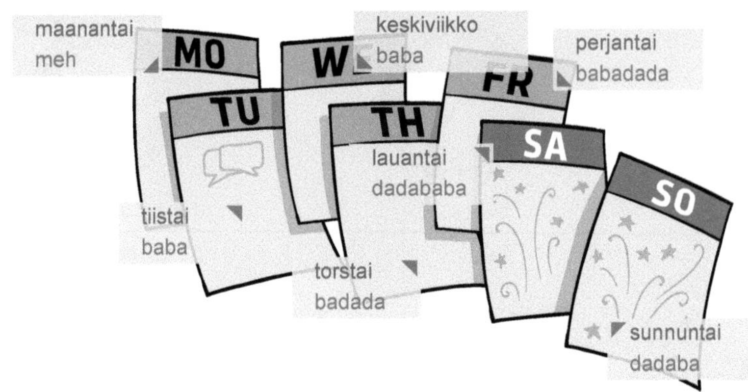

eilen

dadadada

tänään

dadababa

huomenna

dadaba

aamu

baba

keskipäivä

baba

ilta

dadadada

työpäivät

dada

viikonloppu

baba

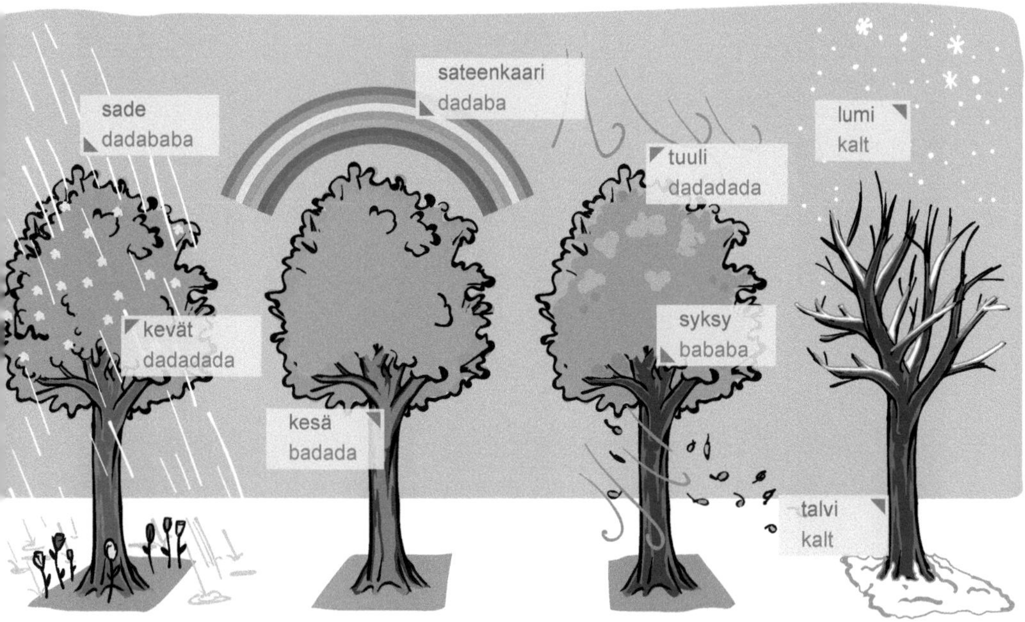

vuosi
dadaba

sade
dadababa

sateenkaari
dadaba

tuuli
dadadada

lumi
kalt

kevät
dadadada

syksy
bababa

kesä
badada

talvi
kalt

sääennuste
dadababa

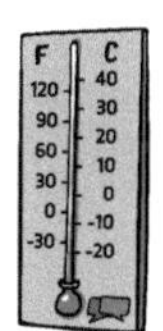

lämpömittari
bababa

auringonpaiste
ba

pilvi
baba

sumu
dadadada

ilmankosteus
dada

salama

dadababa

ukkonen

dada

myrsky

badada

rae

dadababa

monsuuni

bababa

tulva

dadaba

jää

dadadada

tammikuu

dadaba

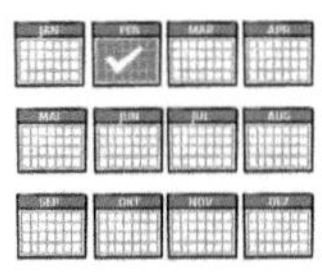

helmikuu

dadaba

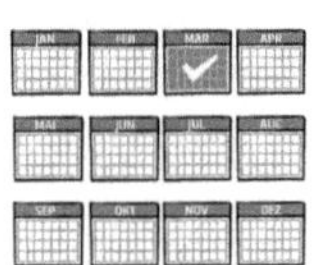

maaliskuu

bababa

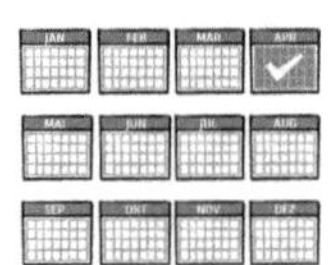

huhtikuu

dadadada

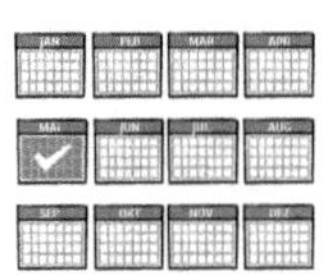

toukokuu

dadadada

kesäkuu

babababa

heinäkuu

baba

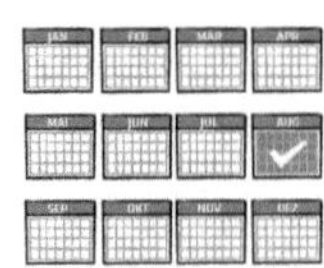

elokuu

bababa

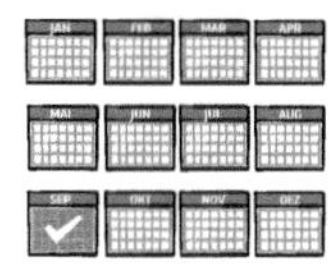

syyskuu

dadadada

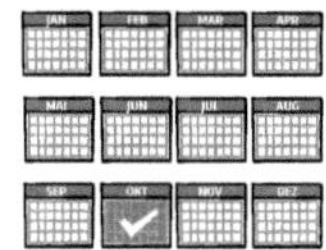

lokakuu

badada

marraskuu

dadababa

joulukuu

baba

muodot
dadababa

ympyrä

baba

neliö

badada

suorakulmio

dadababa

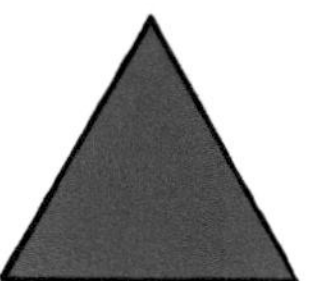

kolmio

babababa

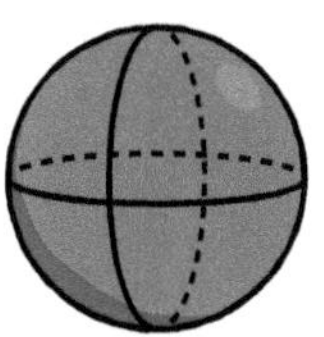

pallo

dadadada

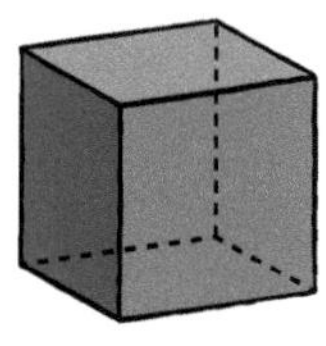

kuutio

babababa

värit
dadababa

valkoinen

dadababa

keltainen

babababa

oranssi

baba

vaaleanpunainen

dadadada

punainen

babadada

violetti

dadababa

sininen

dadadada

vihreä

ba

ruskea

baba

harmaa

bababa

musta

badada

vastakohdat
dadadada

paljon / vähän

....

da / ba

vihainen / ystävällinen

....

da / ba

kaunis / ruma

....

da / ba

alku / loppu

....

da / ba

suuri / pieni

....

da / ba

vaalea / tumma

....

da / ba

veli / sisko

....

da / ba

puhdas / likainen

....

da / ba

täydellinen / epätäydellinen

....

da / bada

päivä / yö

....

da / ba

kuollut / elävä

....

da / ba

leveä / kapea

....

da / ba

syötävä / syömäkelvoton

da / ba

paha / kiltti

da / ba

innostunut / tylsistynyt

ba / ba

lihava / laiha

da / ba

ensimmäinen / viimeinen

ba / ba

ystävä / vihollinen

da / bada

täysi / tyhjä

da / ba

kova / pehmeä

da / ba

painava / kevyt

da / ba

nälkä / jano

da / bada

sairas / terve

da / ba

laiton / laillinen

da / ba

älykäs / tyhmä

da / ba

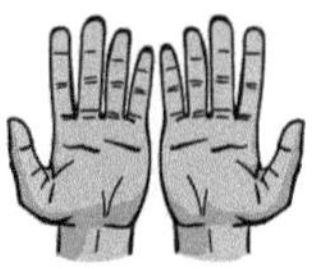

vasen / oikea

ba / ba

lähellä / kaukana

da / ba

uusi / käytetty

da / bada

ei mitään / jotain

da / ba

vanha / nuori

ba / ba

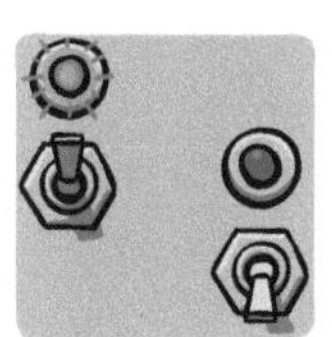

päällä / pois päältä

da / ba

auki / kiinni

da / ba

hiljainen / äänekäs

da / ba

rikas / köyhä

ba / ba

oikein / väärin

da / ba

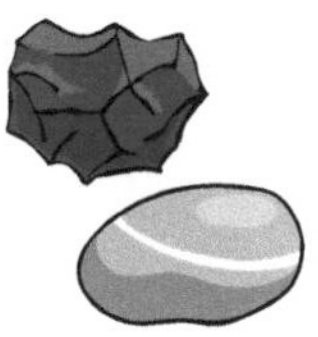

karhea / sileä

da / ba

surullinen / iloinen

ba / ba

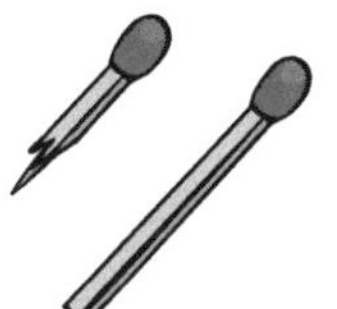

lyhyt / pitkä

da / ba

hidas / nopea

da / ba

märkä / kuiva

da / bada

lämmin / viileä

da / bada

sota / rauha

da / ba

numerot
dadaba

nolla

dada

1

yksi

a

2

kaksi

ba

3

kolme

da ba da

4

neljä

badabada

5

viisi

dadababa

6

kuusi

dadaba

7

seitsemän

badada

8

kahdeksan

dadababa

9

yhdeksän

dadaba

10

kymmenen

dadadada

11

yksitoista

badada

12

kaksitoista

baba

13

kolmetoista

bababa

14

neljätoista

baba

15

viisitoista

babadada

16

kuusitoista

dadababa

17

seitsemäntoista

babababa

18

kahdeksantoista

dadababa

19

yhdeksäntoista

bababa

20

kaksikymmentä

dadababa

100

sata

baba

1.000

tuhat

baba

1.000.000

miljoona

dadababa

kielet
dadadada

englanti

baba

amerikanenglanti

babadada

mandariinikiina

dadababa

hindi

ba

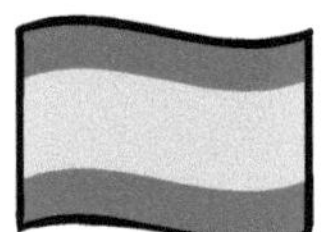

espanja

badada

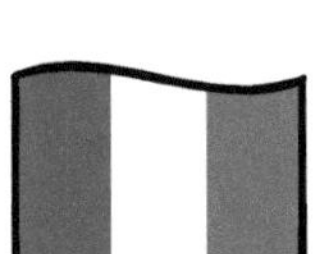

ranska

ohlala

arabia

babadada

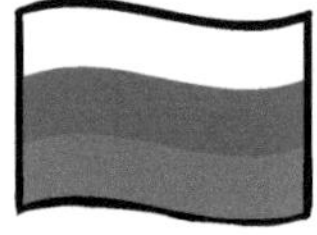

venäjä

dadaba

portugali

dada

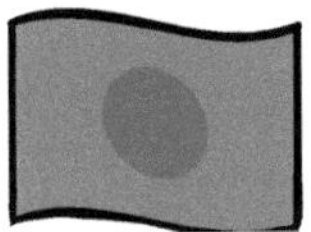

bengali

dadadada

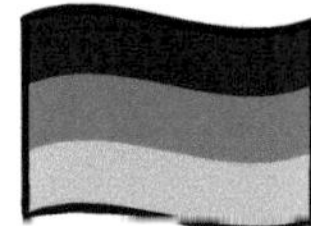

saksa

badada

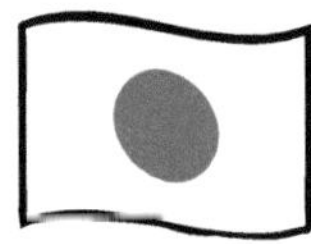

japani

dadadada

minä

a

sinä

dadadada

hän

da / da / da

me

o ba ma

te

babababa

he

baba

kuka?

dadadada

mitä / mikä?

dadadada

miten?

baba

missä?

babababa

milloin?

babadada

nimi

dadaba

missä
babababa

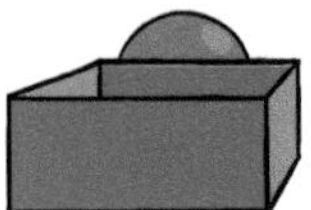

takana
baba

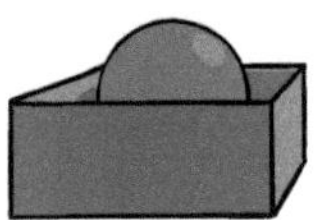

sisällä
dadaba

edessä
baba

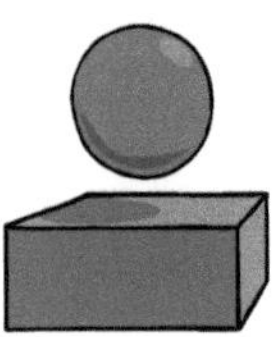

yläpuolella
ba

päällä
baba

alapuolella
dadababa

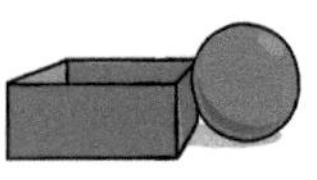

vieressä
babababa

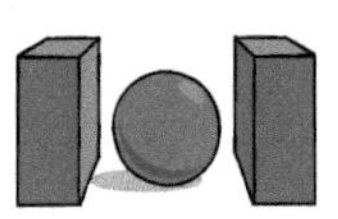

välissä
ba

paikka
dada